# *Princípios de Trabalho da Sociedade Teosófica*

I. K. Taimni

# *Princípios de Trabalho da Sociedade Teosófica*

Tradução
Milton Lavrador

EDITORA
TEOSÓFICA

Primeira edição em Inglês:
Ananda Publishing House, Allahabad

Segunda edição em Inglês:
The Theosophical Publishing House, Adyar, 1991

Edições em Português:
Primeira edição: Sociedade Teosófica no Brasil, 1979.
Segunda edição: Conforme T.P.H, 1991.
Terceira e quarta edição: Editora Teosófica, 1994, 2021.

T133 Taimni, I. K.

Princípios de trabalho da Sociedade Teosófica / I. K. Taimni
– Brasília: Editora Teosófica, 2021.
156 p.

ISBN 85-85961-69-4

CDU : 141.332

Capa: Fernando Lopes
Revisão Técnica: Marina Villares
Equipe de Revisão português/ortografia:
Astrid Lindemann, Valéria Marques de Oliveira,
Ricardo Lindemann e Zeneida Cereja da Silva
Diagramação: Ana Paula Cichelero


EDITORA TEOSÓFICA, Sociedade Civil
Setor de Indústrias Gráficas, Qd 6, nº 1235,
Brasília-DF-70410-420
Fone 61 3322-7843
Site: www.editorateosofica.com.br
Emails: editorateosofica@editorateosofica.com.br
comercial@editorateosofica.com.br

# SUMÁRIO

CAPÍTULO VI

O FUNCIONAMENTO DE UM CENTRO DE TREINAMENTO DA SOCIEDADE TEOSÓFICA



CAPÍTULO VII

# PREFÁCIO DA EDIÇÃO BRASILEIRA

A Sociedade Teosófica no Brasil editou esta obra, pela primeira vez em português, em 1979, com o título de Princípios do Trabalho Teosófico. Tal título é uma tradução do original em inglês *Principles of Theosophical Work*, publicado pela Ananda Publishing House, Allahabad, Índia, há mais de quatro décadas.

Já a presente edição, solicitada pela Sociedade Teosófica no Brasil, que necessitava de novos exemplares para enviar a seus membros, é uma tradução da edição revisada pela The Theosophical Publishing House, Adyar, Madras, Índia, em 1991. Preferimos, desta feita, entitulá-la de *Princípios de Trabalho da Sociedade Teosófica* visando assim diferenciá-la da edição anterior, bem como adequar mais definidamente o título ao conteúdo da obra.

Também nesta edição, utilizamos um critério do próprio autor em suas obras mais recentes, que é o de preferir termos como Filosofia Esotérica ou Filosofia Oculta sempre que a Teosofia fosse referida em seu aspecto filosófico de sistema de pensamento, para melhor ressaltar seu outro aspecto vivencial, ou de genuína realização espiritual.

A EDITORA

# PREFÁCIO DO AUTOR

O trabalho da Sociedade Teosófica somente poderá ser organizado eficientemente quando a grande maioria de seus membros, espalhados pelo mundo, compreender claramente os objetivos dessa Sociedade e os princípios gerais que deveriam guiá-los no planejamento e na execução deste trabalho. Existe necessidade de um livro que estabeleça estes objetivos e princípios gerais de uma maneira clara e concisa. O autor fez uma tentativa de suprir esta necessidade nestas páginas. Em que medida ele foi bem-sucedido nesta tarefa cabe ao leitor decidir. Algumas das observações feitas neste livro aplicam-se às condições particulares da Índia, mas a maior parte do que é dito será de aplicação geral.

*Benares, Índia.*
*I.K. Taimni*

# NOTA DA SEGUNDA EDIÇÃO EM INGLÊS (TPH, 1991)

Este livro foi editado pela primeira vez pela Ananda Publishing House, Allahabad (Índia), mais de quatro décadas atrás. Desde então, continuamente tem sido considerado útil em várias partes do mundo como um guia para trabalhadores e Lojas da Sociedade Teosófica. Estamos agora reeditando-o, a pedido da Seção Indiana da Sociedade Teosófica, com pequenas modificações que se fizeram necessárias, devido ao passar do tempo.

*"Possam Aqueles que são a corporificação do Amor Imortal abençoar com Seu auxílio e orientação esta Sociedade fundada para ser um canal para o Seu serviço.*

*"Possam Eles inspirá-la com Sua sabedoria,*
*fortalecê-la com Seu poder e*
*vitalizá-la com Sua atividade."*

**A Sociedade Teosófica** foi fundada em Nova Iorque, U.S.A., em 17 de novembro de 1875 e estabelecida em Madras(atualmente, Chennai), Índia, em 3 de abril de 1905.

**Seus três objetivos declarados são:**

I - Formar um núcleo da Fraternidade Universal da Humanidade, sem distinção de raça, credo, sexo, casta ou cor;
II - Encorajar o estudo de Religião Comparada, Filosofia e Ciência; e
III - Investigar as leis não explicadas da Natureza e os poderes latentes no homem.

A Sociedade Teosófica está atualmente ativa em mais de 50 países do mundo. Maiores informações podem ser obtidas através da:

**Sociedade Teosófica no Brasil**
SGAS – Quadra 603 – Módulo 20
70.200–630.Brasília-DF, Brasil
Tel.- whatsapp: (061) 3226-0662
Tel.- whatsapp: (061) 9861123526
Site: www.sociedadeteosofica.org.br
Email: secretaria@sociedadeteosofica@org.br

# CAPÍTULO I

## O PLANO DIVINO E A SOCIEDADE TEOSÓFICA

Uma das ideias mais inspiradoras e iluminadoras que a Filosofia Oculta deu ao mundo moderno é aquela da operação de um Grande Plano por detrás dos fenômenos, aparentemente caóticos e sem propósito, que estão eternamente ocorrendo nas diferentes partes do Universo. Ninguém que observe o trabalho da Natureza, mesmo que ocasionalmente, pode razoavelmente duvidar que haja alguma espécie de Inteligência operando por detrás dos fenômenos naturais. Mas há uma grande distância entre esta crença vaga e geral, e a concepção definida de que tudo na manifestação, desde um Sistema Solar até um grão de poeira, é governado pela Lei e é parte de um Grande Plano, que está gradualmente se desenvolvendo no Universo, em suas diferentes partes e em diferentes épocas.

A ciência está interessada somente na investigação destes fenômenos naturais e não está preocupada em saber se há ou não um plano por detrás deles. A filosofia apenas pergunta se existe um tal plano. Mas o Ocultismo sabe e afirma, fundamentado no conhecimento direto, que há um Plano por detrás de todo o Universo manifestado, e que cada unidade, neste vasto esquema, seja grande ou pequena, está executando uma parte deste Plano. Assim como na execução do projeto de um grande edifício, o esquema total pode ser dividido em projetos menores com muitas ramificações, cada unidade realizando sua parte em coordenação com as outras, assim também o Divino Arquiteto usa todo o Universo manifestado para a execução do Seu Plano, dividindo Seu trabalho entre Sistemas Solares e planetas que aparecem em diferentes regiões do espaço no correr da vastidão do tempo. Cada unidade neste estupendo esquema preocupa-se somente com a tarefa que lhe compete, embora ela esteja intimamente relacionada com a totalidade do esquema e nele se encaixe de uma maneira perfeita.

É natural que nos perguntemos qual poderia ser o propósito deste poderoso e infinito esquema, e os filósofos têm especulado em vão, desde tempos imemoriais, sobre o "porquê" do Universo. O estudante de Filosofia Esotérica compreende que o conhecimento a respeito destas questões últimas está além do alcance do intelecto humano e que, portanto, é inútil procurar por uma solução intelectual do "porquê" da manifestação. Este Grande Mistério do Universo está oculto nas profundezas da Consciência Divina e somente aqueles que podem mergulhar profundamente naquele incomensurável oceano de conhecimento podem conhecer diretamente algo deste Supremo Segredo.

Mas há um aspecto deste propósito divino na manifestação que podemos ver e compreender. É que ele provê um campo para a evolução da Vida em todos os seus diferentes estágios. A investigação oculta tem mostrado, definitivamente, que nosso Sistema Solar é um vasto teatro no qual a Vida está evoluindo em suas miríades de formas e elevando-se, através de diferentes estágios, às alturas de esplendor divino, o qual não tem limites e está completamente além da imaginação humana. Este aspecto do Plano o qual podemos alcançar intelectualmente, e cuja apresentação ao mundo é uma das principais preocupações da Sociedade Teosófica, dá um novo sentido à vida e transforma a história natural e humana, de um panorama sem propósito de mudanças biológicas e sociológicas, num vasto desfile no qual nos vemos marchando firmemente para a meta a nós destinada. Ninguém que realmente tenha compreendido o significado desta concepção pode deixar de empenhar-se de todo o coração no fascinante trabalho que torna possível a realização deste esquema evolutivo.

Como este Plano Divino, que vemos operando na evolução da vida e da forma em toda a parte, não é uma mera crença piedosa ou uma especulação filosófica mas, na realidade, é como o funcionamento de uma fábrica moderna, ele naturalmente requer os serviços de um vasto exército de agentes que são responsáveis pelo funcionamento de suas diversas partes e por sua conclusão bem-sucedida. Estes agentes são as hierarquias de Anjos e Adeptos que desde os planos mais sutis guiam as forças da Natureza e realizam as mudanças e os ajustes nas instituições humanas que são necessárias à operação eficiente e harmoniosa do Plano.

Uma destas hierarquias atuando em nossa Terra é a Grande Fraternidade Branca, a qual consiste de Super-homens que atingiram a Libertação, mas permanecem em contato com a nossa humanidade, para levar adiante o trabalho relacionado ao esquema evolutivo. Todos estes Adeptos, que preferem ser chamados de nossos Irmãos Mais Velhos, ainda que estejam incomensuravelmente acima de nós, não possuem as mesmas características ou capacidades, nem estão fazendo a mesma espécie de trabalho. Eles desenvolveram-se por diferentes linhas e têm diferentes partes do Plano para realizar. Mas como a mais estreita união de consciência e uma sabedoria consumada caracteriza a todos Eles, o estupendo trabalho de guiar e controlar a evolução humana prossegue harmoniosa e eficientemente à medida que as raças vão se sucedendo e as eras passam umas após as outras.

Como os membros desta Hierarquia Oculta constituem o governo interno do mundo e são responsáveis pela evolução ordenada de toda a vida neste planeta, Deles partem os vários movimentos que gradualmente vão mudando as condições no mundo, de acordo com os requisitos do Plano; por Eles são guiadas a ascenção e a queda das civilizações, o desenvolvimento de raças e sub-raças, à medida que estas se sucedem uma após a outra no palco do mundo e provêm as múltiplas condições para a evolução da humanidade. O crescimento desses vários movimentos em diferentes partes do mundo e sua reunião para o conflito ou para a fusão harmônica, vistos do exterior, parecem ser produtos de mero acaso nas mudanças sociais e políticas, mas, vistos com a visão interna, este panorama que o Tempo nos apresenta nada mais é do que o desdobramento do Plano Divino em nossa Terra, guiado e controlado por seus agentes invisíveis por trás do véu dos acontecimentos.

A Sociedade Teosófica é um destes movimentos, lançada no mundo por alguns membros da Fraternidade Branca com um propósito definido. Não podemos pretender conhecer ou compreender qual é este propósito em sua totalidade mas, pelo que nos foi revelado, está claro que este movimento tem, no momento atual, pelo menos três funções bem definidas, ainda que não especificadas. Estas podem ser assim apresentadas:

1. Dar à humanidade certas verdades mais profundas da vida, que são necessárias para o próximo passo na evolução humana.

2. Instilar certos princípios diretivos universais nas mentes das pessoas em geral, tais como o da Fraternidade, de modo que possa se tornar factível o advento de uma ordem mundial melhor.

3. Prover agentes no mundo exterior que compreendam o Plano de modo geral, podendo assim, conscientemente cooperar com os Irmãos Mais Velhos no trabalho que Eles estão executando para o melhoramento da raça humana.

Deste modo, vemos que a fundação da Sociedade Teosófica é parte de um movimento definido para erguer um canto do véu que, até agora, vinha ocultando da humanidade os mistérios mais profundos da vida e Aqueles que possuem as chaves destes mistérios. Provavelmente, chegou o tempo de dar à humanidade uma oportunidade de cooperar diretamente com seus Irmãos Mais Velhos que, desconhecidos e não reconhecidos, têm por eras guiado a humanidade, educando-a e trazendo-a ao presente estágio da evolução. Mas esta cooperação pode tornar-se uma realidade definida e uma força na direção do progresso somente quando as verdades da Filosofia Esotérica permearem o pensamento mundial e realizarem as mudanças fundamentais necessárias na vida e nos pontos de vista do homem médio. No presente momento, no mundo, a Sociedade Teosófica é um pequeno núcleo de tais homens, que estão tentando compreender estas verdades e preparando-se, consciente ou inconscientemente, para este trabalho em conjunto com seus Irmãos Mais Velhos, agora e no futuro. Assim que este núcleo cresça e a maior influência da Sociedade Teosófica trouxer condições mais favoráveis ao mundo para a aceitação destas verdades, pode-se esperar que os Irmãos Mais Velhos darão uma direção mais direta nos assuntos do mundo, tornando-se assim possível para nós avançar mais rápida e facilmente para a meta a nós destinada.

Assim vemos que a Sociedade Teosófica não é exatamente como as outras sociedades espalhadas pelo mundo afora, nas quais um grupo de pessoas se associam e trabalham em conjunto para atingir um objetivo definido. Como outras sociedades, ela também tem um trabalho definido a fazer no mundo, isto é, o estudo e a disseminação de verdades concernentes aos problemas mais profundos da vida. Mas ela tem outra função muito mais importante, e esta é a de servir como um agente direto no trabalho dos Irmãos Mais Velhos para a reforma e regeneração do mundo.

Esta última função da Sociedade Teosófica é muito importante e deveria ser perfeitamente compreendida por todo membro que queira tomar parte ativa em seu trabalho. Pode haver alguns membros em nossa Sociedade que preferem pensar nela como uma mera associação para o estudo e a disseminação de certas ideias, que não aceitam este ponto de vista de sua ligação com os Irmãos Mais Velhos, e que podem mesmo nem acreditar na existência de tais seres. Tais pessoas têm direito a ter os seus pontos de vista pessoais e elas podem ser membros muito úteis da Sociedade. Mas a grande maioria de seus membros tem convicção definida, baseada em fatos bem comprovados, de que a Sociedade Teosófica não é um mero corpo acadêmico, mas um instrumento direto dos Irmãos Mais Velhos através do qual esperam realizar mudanças definidas no mundo, com o conhecimento e a cooperação de seus membros.

Esse fato, da ligação vital da Sociedade com Aqueles que são os verdadeiros guias da humanidade, confere uma dignidade especial ao nosso trabalho, tangenciando quase o sagrado, e dá à maioria de seus membros ativos aquela inspiração e entusiasmo que são tão necessários numa tarefa desta natureza. Isso os habilita a permanecer firmes e imperturbáveis nas crises periódicas que ocorrem na Sociedade e às vezes abalam-na até suas fundações. Eles sentem, em tais ocasiões, que sua lealdade aos Grandes Seres e aos princípios universais que Eles corporificam transcende quaisquer diferenças que possam surgir com relação aos métodos de trabalho e, portanto, aconteça o que acontecer, não desertam do trabalho da grande causa que a Sociedade representa. O vasto Plano lá está, e cada membro pode planejar seu próprio trabalho cuidadosamente, e executá-lo da melhor maneira que lhe seja possível, sabendo que quaisquer que sejam suas limitações, ele de algum modo será usado no trabalho muito maior que os Irmãos Mais Velhos estão executando, incessantemente, para o soerguimento da humanidade.

# CAPÍTULO II

## O OBJETIVO GERAL DA SOCIEDADE TEOSÓFICA

No cuidadoso planejamento de nosso trabalho é necessário que saibamos claramente o que almejamos alcançar. Quanto maior for a clareza de nossas ideias em relação a esta questão fundamental, maior é a probabilidade de realizarmos nossos objetivos menores e evitarmos perder nosso tempo e energia em atividades que não conduzem àquelas metas. Saber exatamente o que queremos é um prerrequisito para o sucesso em qualquer empreendimento, e um trabalhador da Sociedade Teosófica deveria, portanto, ter noções suficientemente claras, não somente em relação aos objetivos particulares que ele pode estar almejando, mas também em relação ao objetivo geral da Sociedade Teosófica em seu trabalho no mundo externo. É somente desta maneira que as atividades do grande corpo de nossos membros, trabalhando em diferentes partes do mundo, sob variadas condições, pode ser coordenado e tornar-se útil ao objetivo geral da Sociedade.

Tentemos assim responder, tão claramente quanto possível, esta pergunta vital: "O que almejamos alcançar?" Dito de forma bem resumida e geral, pretendemos mudar pensamentos e atitudes das pessoas no mundo, de modo que a humanidade possa ser capaz de dar o próximo passo na evolução, e que seja possível o lançamento das fundações dos futuros passos que estão à frente, próximos ou remotos, conforme os Irmãos Mais Velhos julgarem necessários. Qualquer pessoa que esteja em contato com os problemas urgentes que a humanidade enfrenta nos dias de hoje, pode logo ver, se for ao fundo desses problemas, que a principal dificuldade, para a solução e o estabelecimento de melhores condições, está nos hábitos errados de pensamentos e nas atitudes pervertidas que prevalecem por toda a parte. E ela também verá que, por mais que possamos mudar as formas externas e elaboremos esquemas para melhorar as condições existentes, não é possível uma solução satisfatória e permanente desses difíceis problemas mundiais a menos que e enquanto não realizarmos algumas mudanças fundamentais em nossas ideias e atitudes.

É verdade que as forças e correntes de pensamento que finalmente realizarão estas mudanças de longo alcance no mundo são postas em movimento desde os planos internos. Mas estas forças requerem instrumentos e canais no mundo externo para a sua expressão. Esses instrumentos são supridos na maioria dos casos pelos líderes de pensamento e ação que podem gradualmente realizar muitas mudanças, seja através de sua influência pessoal ou dos movimentos que eles podem iniciar. Mas como há ignorância no mundo em relação ao Plano e aos métodos de evolução, e como as forças do preconceito, conservadorismo e egoísmo são ainda dominantes, em muitos casos, esses movimentos são desviados, e os planos da Hierarquia Oculta são como que temporariamente frustrados, ainda que se faça um certo avanço, mesmo sob estas condições desfavoráveis.

Ao realizar os planos da Hierarquia, a Sociedade Teosófica fornece um corpo de trabalhadores que estão numa situação particularmente favorável para dar a necessária direção na tarefa de iniciar ou moldar movimentos para reforma, habilitando, assim, a humanidade a dar o passo seguinte, sem a necessidade de tentar e experimentar todos os tipos de planos, o que significa, frequentemente, muita perda de tempo e esforço e, algumas vezes, passar por sofrimentos desnecessários.

Isto é assim por diversas razões. Em primeiro lugar, a Filosofia Esotérica nos dá o plano geral da evolução e, deste modo, nos possibilita determinar facilmente quais os movimentos e as tendências que estão na direção correta e, portanto, devem ser auxiliados, e quais estão na direção errada e, portanto, devem ser combatidos. Temos à nossa disposição, por assim dizer, uma pedra de toque pela qual podemos avaliar a importância e utilidade de qualquer movimento ou linha de pensamento. Em segundo lugar, mostra-nos a direção para a qual devemos nos mover, o próximo passo que devemos dar na reconstrução do mundo em cada campo, habilitando-nos, assim, a aplicar nosso conhecimento geral aos problemas atuais de todas as naturezas concebíveis. E finalmente, a Filosofia Esotérica dá-nos uma vasta quantidade de informações de natureza científica em relação ao mundo em que vivemos e ao nosso lugar no esquema das coisas, habilitando-nos, assim, a vermos todos os acontecimentos e coisas em sua perspectiva apropriada, e a planejarmos meios corretos e eficientes para o alcance de nossas metas.

Deveria estar claro, portanto, que a Sociedade Teosófica e os membros individuais que a compõem deveriam tomar uma decisiva, clara e vigorosa liderança na moldagem do pensamento e dos movimentos mundiais, não porque sejam de algum modo superiores às pessoas de fora, mas porque o conhecimento que lhes foi dado habilita-os especialmente para esta tarefa, e impõe-lhes o dever de tomar uma parte ativa na reestruturação e regeneração do mundo. É de se esperar que as pessoas fora da Sociedade Teosófica não estejam preparadas para reconhecer esta afirmativa, podendo até mesmo considerá-la extravagante. Mas isso não importa, desde que esteja bem claro, em nossas próprias mentes, que estamos preparados para o cumprimento deste papel, e que estejamos determinados a desempenhá-lo com tato e determinação. Não é necessário sairmos proclamando estas coisas publicamente e, assim, provocando críticas. Podemos e devemos trabalhar silenciosa e discretamente, fazendo com que a influência de nossas ideias sejam sentidas, em grande medida, indiretamente. A influência de nossas ideias não deveria aparecer como uma imposição vinda de fora, mas antes como uma evolução natural nascida do interior. Temos de conquistar o mundo não por alguma conversão forçada, mas pela inerente razoabilidade das ideias e da justiça dos princípios que buscamos propagar.

Ao combatermos o mal de todo o tipo e ao darmos novos direcionamentos às correntes de pensamento, devemos sempre lembrar-nos de que deveríamos estar preocupados primeiramente com as causas dos vários males que procuramos sanar, e lidar somente de maneira secundária com os efeitos resultantes destas causas. Esta é a maneira espiritual de tratar os males de todos os tipos — seguir o mal até a sua fonte e aí estancá-lo. Não deveria ser difícil ver que este é o método mais eficiente de tratar o mal, porque pela remoção da causa nós afastamos o mal permanentemente em todas as suas expressões e com o menor dispêndio de energia no longo prazo. Se, por outro lado, seguirmos tratando apenas dos efeitos e não prestarmos atenção às causas subjacentes, nunca conseguiremos sobrepujá-los, ainda que possamos afastar suas manifestações externas temporariamente. A menos e até que a causa seja removida, o mal suprimido em uma forma encontrará, cedo ou tarde, expressão em outras formas que talvez sejam piores. Isto explica o fato de que todos os grandes instrutores espirituais sempre vão à fonte do mal e, ao tratar com o problema da dor e do sofrimento humano, eles não oferecem meros paliativos, mas mostram o caminho por meio do qual eliminamos a causa da dor e do sofrimento e assim chegamos permanentemente a um estado de iluminação que transcende as aflições da vida interior.

Penso que não está suficientemente compreendido, na Sociedade Teosófica, que ao tratar com os males de todos os tipos, temos de preocupar-nos antes de mais nada com as causas. A Sociedade Teosófica é definitivamente uma organização com uma base espiritual e, portanto, tem de adotar, tanto quanto possível, a maneira espiritual de resolver os difíceis e complicados problemas que encontramos em toda parte no mundo. Seus membros deveriam sempre procurar ir ao fundo dos problemas e tentar descobrir as causas subjacentes aos males que desejam erradicar.

A Sociedade não é um corpo filantrópico no sentido comum do termo, ainda que exista exclusivamente para promover o bem-estar da humanidade. Não é, por exemplo, nosso trabalho como uma Sociedade, abrir hospitais, orfanatos, escolas noturnas e outras instituições de caridade de natureza semelhante. Este é, sem dúvida, um trabalho necessário que tem de ser feito, e os membros da Sociedade, como indivíduos, deveriam associar-se a toda espécie de atividades filantrópicas e nelas tomar parte ativa, não porque são membros da Sociedade Teosófica, mas porque são seres humanos, e é seu dever, como seres humanos, aliviar o sofrimento e melhorar a sorte dos outros de todas as maneiras possíveis. Mas não é função da Sociedade Teosófica organizar atividades desta natureza — atividades que tratam principalmente com os efeitos de nossa ignorância e de nossos erros. É necessário compreendermos este fato claramente, se quisermos planejar nosso trabalho eficiente e coerentemente, e não sermos desviados por todo o tipo de atividades, boas e necessárias em si mesmas, mas que desviam nossa atenção e energias de nosso verdadeiro trabalho.

Talvez um exemplo esclareça este ponto. Todos nós vemos que as guerras são uma das maiores fontes de dor e sofrimento no mundo, devastando e desmoralizando, como nenhuma outra coisa, as vidas de milhões de seres humanos. Para mitigar este sofrimento foram instituídas várias organizações humanitárias, sendo a Cruz Vermelha a principal delas. Não há dúvida de que esta corporação tem feito, e está fazendo, um enorme trabalho beneficente no alívio do sofrimento que é uma consequência da guerra, e para um homem comum pode parecer que não haja trabalho de natureza mais humanitária que esse. Mas deveria ser fácil ver que se fosse possível abolir totalmente as guerras, esse trabalho humanitário não somente se tornaria desnecessário, mas também deixaria de existir todo o tremendo sofrimento que a Cruz Vermelha não pode evitar. Assim, um homem que tenta mobilizar a opinião pública contra a guerra e influenciar o pensamento do mundo no sentido do pacifismo e da compreensão entre as nações está fazendo muito mais para diminuir o sofrimento humano, ainda que isso não se torne visível no momento.

Se as guerras forem abolidas — e podem ser abolidas se as pessoas começarem a ver sua natureza absurda e bárbara — então todo o sofrimento que a Cruz Vermelha atende será evitado e uma enorme quantidade de bem positivo será realizada de outras maneiras. Por outro lado, se as guerras continuarem a afligir a humanidade, então esse trabalho de aliviar o sofrimento não somente deverá continuar, mas aumentar, enquanto o progresso da ciência tornar possível a invenção de armas de guerra mais mortais e destrutivas. Estas considerações justificam e mostram a necessidade de concentrarmos todos nossos esforços na abolição da guerra e, fazendo cessar o mal em sua fonte, evitar um enorme potencial de quantidade de sofrimento e de dor para o futuro. Naturalmente, pode haver pessoas que não tenham a capacidade, ou cujas circunstâncias não lhes permitam fazer o tipo de trabalho necessário para mudar a opinião mundial nesse assunto, e que somente possam ajudar na remoção do sofrimento causado pela guerra. Deixe-os, de todos os modos, fazer o que puderem para aliviar o sofrimento.

Mas mesmo então, é necessário que cada um de nós tenha em mente esta cadeia de causas e efeitos e que tente resolver todo o mal tão próximo quanto possível da origem da cadeia, de acordo com suas limitadas capacidades.

Se olharmos profundamente os problemas vitais que desafiam o mundo atualmente, e tentarmos descobrir as causas que são a origem dos conflitos e desajustamentos que vemos de todos os lados, verificaremos que esses são, principalmente, devidos à ignorância de certos fatos e leis da vida superior e às atitudes erradas e pervertidas que tal ignorância inevitavelmente produz. E estas verdades que o mundo necessita para o desenvolvimento de uma atitude mais correta em relação a estes vários problemas são aquelas mesmas verdades que nos foram dadas pelos nossos Irmãos Mais Velhos sob a forma de doutrinas esotéricas — da Filosofia Esotérica — as quais, tão somente, podem nos guiar no desenvolvimento de uma nobre e verdadeira civilização, que perdurará e que estará livre daquelas feias e dolorosas características que desfiguram a assim chamada civilização moderna. A grande maioria das pessoas no mundo, é evidente, não compreende este fato, não percebe esta conexão sutil entre as condições externas predominantes no mundo e as verdades fundamentais da vida que governam tais condições. Mas, pelo menos, deveríamos compreender este fato claramente e ver a grande necessidade de disseminar essas verdades no mundo ao nosso redor, até que elas permeiem sua atmosfera mental e produzam as necessárias mudanças nos pontos de vista do homem comum.

Vemos, assim, como a difusão das verdades da Filosofia Esotérica é a função primordial da Sociedade Teosófica e uma incumbência de dever de todos os seus membros por todo o mundo. Por todos os meios que possamos imaginar deveríamos tentar impulsionar este trabalho urgente e magnífico. Mas, executando este trabalho deveríamos nos lembrar que a disseminação das ideias esotéricas e das verdades mais profundas do Ocultismo não é meramente um processo intelectual. Não podemos tratar o problema de maneira mecânica, como faz, por exemplo, o negociante quando tenta anunciar suas mercadorias e torná-las conhecidas do público. Estas verdades não devem meramente ser trazidas ao conhecimento das pessoas em todas as partes do mundo, elas devem afetar seus corações em alguma medida, e realizar aquelas mudanças interiores sutis que se refletem em mudanças de atitude e maneiras de ver as coisas. O mero conhecimento, ou mesmo aceitação de uma verdade, não é suficiente. É necessário afetar as camadas mais profundas da consciência se desejamos produzir algum efeito tangível na vida. Vemos, assim, que o trabalho de propagar estas verdades da Filosofia Esotérica é parcialmente intelectual e parcialmente espiritual e, portanto, somente pode ser satisfatoriamente realizado por aqueles que transmitem por trás de suas palavras aquela influência sutil e poderosa que advém da vivência e da realização destas verdades em suas próprias vidas.

Do que foi dito acima, verifica-se que o principal campo em que temos de trabalhar é aquele mutável, complexo e vasto agregado composto das mentes e dos corações dos homens. É aí que temos de concentrar nossos esforços e realizar as mudanças fundamentais se desejamos alterar as condições prevalecentes no mundo. A propósito, é necessário notarmos que nosso sucesso, como uma Sociedade operando no mundo, deveria ser medido pela extensão em que pudemos afetar as mentes e os corações dos homens e realizar as mudanças que permitirão que uma ordem mundial melhor seja implantada aos poucos. Será triste e infeliz para nós e para o mundo, se nos esquivarmos ante este trabalho e não realizarmos a tarefa que nos foi destinada.

O trabalho é sem dúvida difícil e árduo, como montanha acima, todo o tempo. Nada há de espetacular nele. Não promete quaisquer resultados ou satisfações imediatas. Nossos esforços provavelmente não encontrarão aquela resposta pronta e fácil que obtêm aqueles que trabalham para a sua época e por objetivos imediatos, e não como pioneiros trabalhando por imensos objetivos futuros. Deveremos, então, intimidar-nos e desistir de nossa verdadeira e grandiosa missão para nos dedicarmos a atividades mais atraentes, mais fáceis e mais amplamente apreciadas? Deveremos permitir-nos ser postos de lado e ver o nosso movimento ter o destino daqueles movimentos que originalmente visavam espiritualizar o mundo, mas que aos poucos degeneraram em corporações filantrópicas comuns, com uma finalidade muito limitada desde um ponto de vista superior?

Há um perigo real no caso de uma Sociedade como a nossa, de permitir-nos ser desviados e de contentarmo-nos em desempenhar um papel inferior àquele que nos estava destinado, e de acomodarmo-nos em uma tônica mais baixa na busca de conforto, facilidade e resultados espetaculares. A única maneira de nos precavermos contra este perigo de nos desviarmos é manter sempre bem definido e claro ante nossos olhos o nosso propósito e a nossa função na vida do mundo, e estarmos sempre determinados a realizar este propósito, a cumprir esta função, com coragem e fé. Compreendamos, tão vividamente quanto pudermos, que nossa função, no que concerne ao mundo ao nosso redor, é realizar tais mudanças nas vidas de homens e mulheres, que tornarão possível para a humanidade dar o próximo passo em todas as esferas da vida, de acordo com o Plano Divino. Devemos servir como os agentes externos da Hierarquia Oculta que está guiando o mundo com sabedoria consumada, ao longo da senda que conduz à perfeição e à paz. O conhecimento necessário nos foi dado, e mais nos será dado de acordo com nossas necessidades no futuro. Apliquemos este conhecimento com o melhor das nossas habilidades na regeneração espiritual do mundo com fé inabalável Naqueles que são nossos Guias Eternos.

# CAPÍTULO III

# MÉTODOS EFICIENTES

## III. 1 *Fins e Meios*

Depois de termos tratado dos objetivos gerais da Sociedade Teosófica, é necessário considerarmos alguns princípios gerais relacionados aos métodos a serem usados em seu trabalho. O primeiro ponto importante que devemos ter em mente a este respeito é a necessidade de tirar proveito de todos os conhecimentos e técnicas disponíveis no mundo para a realização de trabalhos de natureza semelhante. Há um ceticismo geral, ainda que velado, nas mentes de muitos membros relativamente à propriedade ou exequibilidade da aplicação de tais conhecimentos e técnicas em nosso trabalho. Eles parecem pensar que deveríamos estar realmente acima da necessidade de usar tais métodos mundanos em nosso trabalho porque nossa organização tem uma base espiritual. Um pouco de reflexão cuidadosa mostrar-nos-á, entretanto, que as leis da eficiência, sobre as quais nossos métodos de trabalho deveriam basear-se, devem ser as mesmas, quer o trabalho seja "espiritual", quer seja "secular". Podemos utilizar estas leis para um propósito diferente e superior, mas os mesmos princípios de eficiência, que se provaram tão eficazes no mundo, também devem ser aplicados em nosso trabalho, se pretendemos realizá-lo eficientemente e alcançar os melhores resultados possíveis.

Ninguém pode negar que devemos ser eficientes em nosso trabalho para alcançar nossos objetivos. Mesmo Sri Krishna enfatizou, repetidamente, na *Bhagavad Gitā* sobre a necessidade de "habilidade na ação" para ser um iogue. Isso deveria servir de lição para aqueles que pensam que qualquer método é suficientemente bom no trabalho teosófico, e para aqueles que não compreendem que, mesmo num trabalho de natureza espiritual, devemos adaptar os meios aos fins para obter os resultados desejados. Na Índia, especialmente, o ensinamento relativamente ao *nishkama-karma* (trabalho desinteressado) tem sido muito mal-entendido e esta má compreensão é talvez até certo ponto responsável pela falta generalizada de exatidão e eficiência que encontramos por toda parte. Quando Sri Krishna exortou-nos a realizar cada ação sem qualquer preocupação com seus frutos, ele obviamente não queria dizer que deveríamos realizar cada ação sem preocuparmo-nos com seu resultado ou com a maneira de realizá-la. Isso inevitavelmente conduziria ao caos e à confusão. Ao praticar uma ação, é ao ponto de vista pessoal que devemos renunciar. Devemos ignorar o resultado de nossa ação sobre nós mesmos, se ela trará perda ou ganho, prazer ou dor para nós próprios. A "habilidade na ação", que devemos almejar, significa planejamento muito cuidadoso e uma adaptação dos meios aos fins, executando cada parte do trabalho com o mais alto grau de eficiência. Devemos estar alertas, atentos o tempo todo, em todas as ações que realizarmos mas, ao adaptarmos nossos meios aos fins ou ao escolhermos certa linha de ação, não deveríamos permitir a interferência de considerações pessoais de benefícios ou perdas para nós resultantes.

Mas, ainda que devamos adotar, em muitos casos, a mesma técnica usada pelo homem comum do mundo para obter resultados semelhantes, devemos ser muito cuidadosos em relação ao que pode ser chamado de qualidade moral de nossos fins ou meios. O trabalhador teosófico não pode escolher seus fins ou meios aleatoriamente, sem qualquer atenção à sua qualidade moral. Quando ele se empenha em alcançar qualquer fim determinado, deve ver se o fim que pretende atingir está em harmonia com as leis superiores da vida e com o Plano Divino, se por exemplo, ele fere outras pessoas ou contraria o esquema evolutivo. O objetivo a que se propõe alcançar deve estar livre de todas estas máculas. Ele deve também examinar cuidadosamente os meios que se propõe a adotar para alcançar os seus fins. Deve usar somente aqueles meios que não impliquem em quebra das leis morais que lhe são conhecidas. Mesmo quando se tornar necessário para ele lutar, ele deve lutar com armas perfeitamente limpas, e sob circunstância alguma adotar métodos desonestos para conquistar seu objetivo sob a ilusão de que "os fins justificam os meios". Do ponto de vista superior não há uma linha rígida e imutável de demarcação entre fins e meios. É tudo uma vida contínua, que consiste em uma corrente composta de fins e meios, e deveria ser nosso objetivo tornar da mais alta qualidade cada elo desta corrente.

Assim, veremos que a verdadeira diferença entre nossa maneira de trabalhar e a do homem inescrupuloso comum do mundo não está na técnica que adotamos, mas na qualidade espiritual dos fins que colocamos ante nós - o central e os subsidiários - e na pureza dos meios que usamos para atingir estes objetivos. Um exemplo grosseiro, porém familiar, pode ajudar-nos a ver claramente este ponto. Nós, como todas as organizações trabalhando em todos os países, necessitamos dinheiro para realizar as várias atividades da Sociedade. Mas ainda que nosso trabalho possa sofrer por falta de fundos, não nos é permitido usar não apenas meios desonestos, como também injustos, para obter dinheiro. É claro que nenhum de nós será tentado a usar meios desonestos para obter dinheiro para nosso trabalho, mas alguns de nós podem ser tentados, se não estivermos em guarda, a usar meios injustos como, por exemplo, pressionarmos indevidamente qualquer pessoa que não possa recusar nossa solicitação, devido a alguma obrigação pessoal ou a qualquer outra causa. Devemos portanto examinar cuidadosamente nossos meios durante todo o tempo. Este refinado senso de discernimento deve ser desenvolvido muito cuidadosamente, de modo que, sempre que haja o mais leve desvio do caminho estritamente correto, de retidão e justiça, nossa intuição interna imediatamente nos advirta. Quanto mais prestarmos atenção a tais advertências, tanto mais agudo tornar-se-á esse sentido, enquanto que, se as ignorarmos, aos poucos ir-se-ão embotando, até tornar-se o homem inteiramente incapaz de discernir entre o certo e o errado.

## III. 2 *A Atitude Experimental*

O segundo ponto importante que devemos ter sempre em mente é a necessidade de adotar uma atitude experimental em relação aos métodos que usamos em nosso trabalho. A qualidade tamásica em nossa natureza faz-nos temer a mudança e nos indispõe contra novas experiências em busca de melhores métodos. Isto conduz sempre à estagnação e à formação de profundas trilhas mentais, as quais limitam em grande extensão a nossa utilidade. Há Lojas onde os mesmos métodos de trabalho têm sido usados por várias décadas, embora se compreenda que são ineficientes e que não conduzem a um funcionamento útil e vigoroso. Em algumas Seções também há a mesma tendência a apegar-se aos velhos métodos e a considerar qualquer novo processo que possa ser proposto com suspeita, senão com evidente hostilidade. O conservadorismo tem o seu lado bom, e conduz à estabilidade de uma instituição, mas quando degenera em mera inércia e conduz à estagnação, devemos combater esta tendência e tentar restaurar aquela atmosfera salutar na qual é possível fazer experimentos com vistas ao desenvolvimento de métodos mais eficazes de trabalho.

A necessidade de fazer experiências com o propósito de melhorar nossos métodos deveria ser óbvia a qualquer um que tenha o mais superficial conhecimento do desenvolvimento da ciência e suas aplicações em várias direções. Todos aqueles aparelhos e invenções científicas que contribuíram para revolucionar nossa maneira física de viver e tornar nossa vida tão confortável, foram desenvolvidos gradualmente como resultado de contínuos esforços e inúmeras esperiências feitas com o propósito de melhorar esses aparelhos. A vasta maquinaria de nossos sistemas econômico e industrial foi desenvolvida e trazida ao seu presente estado de perfeição como um resultado de constantes experiências e esforços com o intuito de melhorá-la de todas as maneiras possíveis. Em qualquer área da vida onde temos de lidar com uma organização, a experimentação é uma condição sine qua non para a descoberta de métodos novos e melhores. Por que então deveríamos considerar-nos acima desta necessidade, e supor que seremos capazes de produzir os melhores resultados possíveis com os nossos atuais e às vezes obsoletos métodos de trabalho?

Cultivemos, portanto, a atitude experimental com relação aos nossos métodos de trabalho e façamos questão de estar sempre realizando experiências em todas as direções. Se a leitura de livros nas reuniões da Loja não produz o necessário interesse e entusiasmo para o trabalho tentemos, para variar, conferências bem preparadas pelos membros, ou discussões sobre tópicos selecionados, para ver se as condições melhoram. Se verificamos que a divisão de uma Seção Nacional em Federações não conduz a seu vigor e vitalidade, desprezemos esta estrutura e tentemos o experimento de fortificar o Centro e estabelecer contato direto e vital entre a sede central e as Lojas. Não se seguirá necessariamente que a mudança efetuada trará uma melhoria das condições. Pode, por tudo quanto sabemos, torná-las piores. Muito bem, podemos mais uma vez mudar nosso método e tentar alguma outra coisa. Se continuarmos fazendo estas experiências, há alguma chance de encontrarmos métodos que deem melhores resultados, mas se continuarmos apegados a nossos métodos atuais, então obviamente nunca descobriremos métodos mais eficientes.

Essa atitude experimental não deveria ser confundida com aquela instabilidade e agitação mental que não nos permite permanecer em qualquer método por um determinado período de tempo e produz os mais desastrosos resultados em nosso trabalho. Podemos continuar mudando nossos métodos ao acaso, durante algum tempo, mas se não houver um plano, uma determinação de encontrar melhores métodos, essas mudanças, por si mesmas, não conduzirão à descoberta de métodos mais eficientes. Quando fazemos experiências no verdadeiro sentido do termo, temos um propósito definido, procedemos sistematicamente e utilizamos todo o nosso conhecimento atual, tanto de nossos sucessos quanto dos fracassos, no delineamento dos novos métodos. Observamos os resultados e tomamos nota de quaisquer novas características que se apresentem, e usamos conhecimentos recentemente adquiridos para proceder a outras experiências. Há um constante estado de alerta, total concentração de nossas energias mentais e vontade de progredir, e há um mundo de diferença entre esta atitude e a outra pretensamente similar, que resulta em uma sucessão de mudanças não levando a lugar algum.

A atitude experimental também não significa que continuemos sempre mudando nossos métodos. Quando, como resultado de nossas experiências descobrimos um método que dá bons resultados em nosso trabalho, deveríamos permanecer nele e conceder-lhe uma boa oportunidade. Há um certo toque de "retidão" em determinados métodos, que instintivamente nos diz que chegamos ao método correto, e quando isso ocorre deveríamos estar preparados para nele permanecer, até descobrirmos linhas completamente novas de abordagem ao problema, ou até que, mudando as circunstâncias, seja necessário mudar nosso método. Nenhum método é o correto para todos os tempos vindouros. Deveríamos estar preparados para nos adaptar às circunstâncias em mutação e às condições em que temos de trabalhar, e é somente assim que podemos nos manter à frente do nosso tempo e alcançar aquele nível de eficiência e eficácia que deveríamos almejar em todo nosso trabalho.

## III. 3 *Planejamento*

A necessidade de adotar uma atitude experimental conduz naturalmente à grande importância do planejamento apropriado do nosso trabalho. O planejamento, lamento dizer, é bastante notável por sua ausência no trabalho da maioria das Lojas e Seções, e a isso se deve, em alguma medida, a estagnação e falta de vitalidade que encontramos em quase toda parte. Um orador é convidado por uma Loja em certa ocasião. O anúncio da conferência é feito de maneira descuidada. Não é feito nenhum esforço sistemático, por parte da diretoria da Loja, para notificar o público ou mesmo todos os membros da Loja, e quando o resultado é uma assistência reduzida, os membros acusam o público por sua falta de interesse nessas coisas, sem compreender que a falta de planejamento apropriado foi o principal responsável pela pequena audiência. Uma Seção continua, ano após ano, meramente coletando as contribuições anuais de seus membros e fazendo outros trabalhos de rotina, e não faz qualquer espécie de plano para a expansão de seu trabalho em diferentes direções, nem tem um esquema para uma propagação constante das ideias da Filosofia Esotérica. Resultado: estagnação, falta de vitalidade, número de membros estacionário, enormes espaços em branco no mapa teosófico do país, que deveriam ter sido preenchidos há muito tempo. A quem atribuir a culpa? Ninguém — somente à falta de planejamento.

A importância do planejamento está no fato de que ele polariza todas as nossas forças e energias mentais e as focaliza no objetivo definido que decidimos atingir. No momento em que fazemos um plano nossa vontade ganha um foco e começamos a pôr em movimento forças físicas e mentais para a execução do plano. Por outro lado, se não temos um plano, todas as nossas forças ficam espalhadas ao acaso e, em grande medida, neutralizando e anulando umas às outras. É melhor ter um plano imperfeito e incompleto do que não ter nenhum plano que ponha a ação em movimento de algum modo, deixando que aos poucos adquira aceleração. De fato, não é possível, na vida prática, ter planos tão perfeitamente elaborados que possam ser executados ao pé da letra. O elemento de incerteza e as dificuldades imprevisíveis são sempre um fator a ser levado em conta em todo planejamento, sendo necessário fazer o plano suficientemente elástico e capaz de comportar modificações. Desde que para nós esteja claro o objetivo que decidimos alcançar e estejamos determinados a atingi-lo, sempre será possível modificar o plano quando e onde isso for necessário e ainda assim cumprir nossa tarefa.

A importância do planejamento e os fatores psicológicos que são seu fundamento foram descobertos relativamente há pouco tempo, e seu uso por muitas nações no desenvolvimento de seus recursos econômicos e industriais já deram os mais maravilhosos e inesperados resultados. O planejamento, de fato, está se tornando moda, e qualquer esquema ao qual se deseja dar uma aparência de respeitabilidade e credibilidade é geralmente anunciado sob o título altissonante de um "plano".

Nós, membros da Sociedade Teosófica, temos não somente que fazer do planejamento uma característica regular de nosso trabalho em várias direções, mas temos também que estudar essa arte tão completamente quanto possível. Podemos aprender muito estudando o trabalho em muitas organizações e instituições no mundo e então adotar e aplicar o conhecimento não teosófico adquirido em nosso próprio trabalho. Alguns de nós podem estar inclinados a imaginar que somos demasiadamente espirituais para adotar estes métodos mundanos, mas o pouco conhecimento que temos do modo de trabalhar de nossos Irmãos Mais Velhos deveria ter gravado em nossa mente o fato importante de que não há atividade que por si mesma seja secular ou espiritual, mas o motivo que fundamenta essa atividade é que a torna assim. Traçar essas linhas arbitrárias de divisão na vida é perder a verdadeira importância e significado da espiritualidade.

Mesmo uma coisa não espiritual como a guerra e o trabalho de uma máquina de guerra podem nos dar muitas lições úteis, que deveriam possibilitar-nos a fazer nosso trabalho de uma maneira muito mais eficiente. Quando vemos como é possível, com um planejamento apropriado alimentar milhões de homens ao mesmo tempo em lugares diferentes e espalhados, movimentar uma extraordinária variedade de material e equipamento para diferentes teatros de guerra de acordo com um horário, coordenar da maneira mais maravilhosa atividades completamente diferentes de todos os tipos, deveríamos realmente nos sentir envergonhados quando não conseguimos planejar e executar de maneira eficiente os trabalhos comparativamente pequenos de nossas Lojas, responsabilizando então qualquer pessoa, exceto a nós mesmos pelas deficiências. É verdade que as condições de trabalho não são as mesmas e que temos de levar em consideração muitas coisas no que diz respeito aos nossos trabalhadores mas, mesmo assim, não há nada que nos impeça de fazer nosso trabalho após cuidadoso planejamento e de executá-lo com energia e eficiência. Se fizermos o melhor possível nesta questão, somente então poderemos deixar, com a consciência tranquila, o resultado de nosso trabalho nas mãos de Deus.

## III. 4 *Treinamento*

O planejamento de nosso trabalho e sua execução com eficiência requer os serviços de um corpo treinado de trabalhadores que possam dedicar-se a diferentes partes do plano e executá-las em cooperação uns com os outros, e sob a direção daqueles que são responsáveis pelo trabalho. Em toda organização que visa atingir alguns resultados definidos e importantes, o treinamento é considerado essencial para executar o trabalho eficientemente. Usualmente, tal trabalho requer os serviços de um certo número de peritos que possam fazer algumas tarefas especializadas e que têm de ser treinados para executá-las. Deixar o trabalho nas mãos de um grupo de pessoas que não recebeu qualquer tipo de treinamento — por mais bem-intencionadas e dispostas a trabalhar que possam estar — conduz à falta de eficiência e resultados pobres.

É realmente surpreendente que enquanto o treinamento regular e sistemático é considerado necessário para a execução eficiente de qualquer trabalho difícil no mundo, geralmente deixamos o trabalho da Sociedade Teosófica nas mãos de pessoas que não receberam qualquer espécie de treinamento e que são deixadas às suas próprias inclinações e recursos para que aprendam, da melhor maneira possível, a técnica do trabalho. É então de admirar-se que havendo em nossas fileiras tão poucos trabalhadores realmente eficientes o trabalho da Sociedade esteja, em consequência, sofrendo em toda parte?

Creio que todos concordarão em que este estado de coisas é, em grande medida, devido à falta de oportunidades de treinamento para os trabalhos de diferentes tipos. Os métodos de realizar o trabalho são, às vezes, discutidos de maneira vaga e geral em nossas reuniões e conferências, algumas indicações são encontradas aqui e ali em nossa literatura, mas essas dificilmente podem prover o necessário material ou as oportunidades para a formação de trabalhadores bem treinados. Para possuir um grupo eficiente de trabalhadores devemos equipá-los com sólido conhecimento dos princípios do trabalho que decidiram empreender e também proporcionar-lhes exercício prolongado e treinamento sistemático na parte prática de seu trabalho. Sem isso é inútil esperar que produzam eficientemente.

Somente será possível um tal treinamento sistemático quando tivermos criado centros de treinamento sob a direção de peritos que tenham estudado estes problemas a fundo, e desenvolvido técnicas apropriadas aos diversos tipos de trabalho, através da realização de experiências junto a linhas difíceis. Nestes centros de treinamento podemos organizar acampamentos e Escolas de Verão e ter cursos rápidos para aqueles que podem comparecer por um período de tempo muito limitado, e também escolas que funcionem regularmente e deem treinamento sistemático e completo nos vários ramos de nosso trabalho.

Se houver o tipo correto de atmosfera e habilidade disponível em tais instituições, isso estimulará enormemente o interesse e o entusiasmo dos estudantes e irá fazer com que continuem seu autotreinamento quando regressarem às suas respectivas esferas de trabalho. O fator mais importante no aprendizado de qualquer espécie de trabalho prático é, naturalmente, o próprio estudo e observação, bem como as experiências pessoais, mas as fundações para um tal processo de aprendizado podem ser melhor estabelecidas numa instituição como a sugerida acima. As instituições técnicas de vários tipos espalhadas por todo o mundo não estão geralmente aptas a prover peritos já amadurecidos em suas respectivas linhas, mas é nestas instituições que todos os peritos recebem seu treinamento preliminar, o qual os habilita a aprender daí para frente por sua própria experiência e a tornarem-se trabalhadores plenamente qualificados.

Treinar um trabalhador da Sociedade Teosófica, completo e eficiente sob todos os pontos de vista, será uma tarefa comparativamente difícil, requerendo muitos anos de trabalho duro e também muitas capacidades de várias espécies, e pode-se objetar que será difícil encontrar um número suficiente de tais pessoas, que tenham adquirido estas capacidades e possam dar tanto de seu tempo no treinamento. Esta dificuldade pode ser superada dando aos nossos trabalhadores somente tarefas limitadas e especializadas. Nestas eles podem ser bem treinados e num tempo muito curto, mesmo que não possuam capacidades intelectuais excepcionais e somente tenham uma aptidão razoável para aquele tipo de trabalho. Do ponto de vista do trabalho como um todo não importa muito se um homem pode executar dez tarefas de maneira eficiente, ou se dez homens podem executar cada um uma tarefa com igual eficiência, desde que, é claro, haja esse número de trabalhadores disponíveis. Mas do ponto de vista do treinamento e do tempo empregado para o preparo isso importa enormemente. Pois é extremamente fácil treinar alguém para fazer muito bem uma tarefa simples, ao passo que é extremamente difícil treiná-lo para fazer dez tarefas igualmente bem. De fato, esse princípio, que agora é geralmente seguido para o treinamento de trabalhadores para as indústrias modernas, provou dar os mais notáveis resultados e tornou possível aumentar incrivelmente a produção. E não há razão para não adotarmos este método se isto facilita nosso trabalho e possibilita-nos usar os serviços de pessoas de todos os tipos de capacidades e temperamentos.

Pode-se objetar que esta especialização exercerá um efeito restritivo nas mentes dos trabalhadores e impedirá o crescimento livre e saudável de suas mentes e capacidades que é tão desejável. É verdade que a superespecialização tem esta tendência, especialmente no caso de trabalhadores que devem realizar certas tarefas mecânicas numa fábrica. Mas este efeito restritivo não precisa ocorrer na vida de um trabalhador da Sociedade Teosófica que escolhe um determinado trabalho especializado como sua contribuição para a realização do Plano Divino. Pois ele pode começar com um determinado trabalho, mas não precisa, necessariamente, ficar no mesmo trabalho para sempre. Ele pode aumentar a esfera de suas atividades à medida que ganhar mais e mais confiança e que aumentar suas capacidades constantemente. De fato, isso é o que se espera de cada um de tais trabalhadores. Se ele prosseguir continuamente adquirindo novas capacidades e aumentando a esfera de sua utilidade, ele não somente poderá neutralizar os maus efeitos da superespecialização, mas também tornar-se um instrumento melhor para o trabalho dos Irmãos Mais Velhos.

# CAPÍTULO IV

# AS QUALIFICAÇÕES E O PREPARO DE UM TRABALHADOR DA SOCIEDADE TEOSÓFICA

No capítulo anterior foi demonstrado que um trabalhador deveria passar por alguma espécie de treinamento antes que possamos esperar que ele execute qualquer trabalho de maneira eficiente e que faça uma contribuição efetiva para a grande obra que nossos Irmãos Mais Velhos estão realizando pelo bem-estar da humanidade. Mas facilmente veremos que tal treinamento poderá apenas estabelecer as meras fundações daquela vida perfeita do trabalhador da Sociedade Teosófica, da qual todo membro ativo deveria estar sempre tentando aproximar-se. Centros dando este treinamento preliminar não podem produzir um trabalhador ideal, do mesmo modo que uma universidade não basta para produzir um verdadeiro sábio, ou um instituto técnico não basta para produzir um perito plenamente qualificado. O verdadeiro treinamento vem, como já foi dito, da experiência, do constante esforço para adquirir mais conhecimento e do testar este conhecimento obtido na solução dos problemas reais da vida. Consideremos, assim, muito sucintamente, o que um trabalhador individual deve fazer para tornar-se progressivamente mais útil na execução do Grande Plano. Esse autotreinamento pelo qual ele deve passar, que é um processo contínuo e interminável, significa aplicar esforços em várias direções. Consideremos algumas das mais importantes destas direções, uma a uma.

### IV. 1 *A Necessidade de Adquirir Conhecimento*

Um trabalhador da Sociedade Teosófica deveria ter não somente uma clara compreensão dos princípios fundamentais da Filosofia Esotérica, mas deveria estar sempre tentando expandir as fronteiras de seu conhecimento e aprofundá-lo ao mesmo tempo. Quanto mais aprofundamos nosso conhecimento, mais compreendemos a importância e o significado interior do movimento, e tanto maior será nosso entusiasmo e desejo de tomar parte ativa no trabalho da Sociedade e de propagar seus ideais. Uma das razões de faltar entusiasmo a um grande número de nossos membros e de permanecerem membros somente no nome, está no fato de que não tentam estudar a literatura da Sociedade Teosófica por completo e não entram em contato com as camadas mais profundas do conhecimento que requerem estudo árduo e profundo pensar.

Esse estudo constante e cuidadoso de nossa riquíssima literatura é necessário, não somente para nós mesmos de modo que possamos ter uma base sólida de conhecimento, mas também porque devemos repartir este conhecimento com outros que conhecem menos que nós. A função mais importante da Sociedade Teosófica, como já mostramos, é disseminar, tanto quanto possível, o conhecimento da Filosofia Esotérica e os elevados ideais que ela representa. As mudanças fundamentais no pensamento e na perspectiva do mundo que desejamos e que trabalhamos para realizar só podem ser efetuadas permeando sua atmosfera de pensamento com as verdades da Filosofia Esotérica que nos foram dadas pelos Irmãos Mais Velhos. Cada membro da Sociedade Teosófica deveria, portanto, ser um centro para a propagação dessas ideias no ambiente em que estiver colocado e deveria estar constantemente tentando influenciar as mentes e os corações daqueles que o rodeiam. Ele pode não estar apto a fazer conferências, pode não estar apto a escrever, mas ele pode pelo menos falar às pessoas e explicar-lhes aqueles aspectos da Filosofia Oculta nos quais estão interessadas. Se cada membro da Sociedade Teosófica tentasse fazer apenas este trabalho — e ninguém pode dizer que está acima de sua capacidade — o mundo poderia rapidamente ser permeado por ideias verdadeiras e a transição para uma civilização melhor e mais nobre seria acelerada além de todas as expectativas. O número de conferencistas e escritores que podem influenciar um círculo maior de pessoas está fadado a ser sempre pequeno, mas o número daqueles que podem silenciosa e discretamente levar adiante o trabalho da Sociedade Teosófica do modo mais eficiente pode ser tão numeroso quanto a própria Sociedade.

Esta rápida disseminação das verdades da Filosofia Esotérica somente será possível quando cada um dos nossos trabalhadores estiver não apenas completamente equipado com um conhecimento da Filosofia Esotérica acurado e sistematizado, mas também estiver ardendo de entusiasmo e desejo de repartir este conhecimento com outros. Este interesse dinâmico de nossa parte, no conhecimento que adquirimos, é essencial se desejamos que outras pessoas também se interessem por ele. É possível reter em nossa mente uma grande quantidade de conhecimento de uma maneira passiva, sem o elemento de entusiasmo e interesse vital, mas tal conhecimento não é facilmente comunicado a outros. O interesse e o entusiasmo contam muito mais ao repartir o conhecimento com outros e torná-los realmente interessados em nossas ideias do que a mera erudição.

Devemos ter não somente um sólido conhecimento das doutrinas do Ocultismo, mas também das correntes de pensamento e das reais condições mundiais predominantes na época. Pois, se devemos influenciar as correntes de pensamento do mundo e conduzi-las aos canais apropriados, devemos estar familiarizados com os vários tipos de movimentos em ação nas diferentes esferas da vida — movimentos que devem ser ajudados em alguns casos e contrapostos em outros. Somente quando estamos em contato íntimo com esses movimentos e condições é que podemos projetar a luz da Filosofia Esotérica sobre eles e dar-lhes a necessária direção que tenderá a alinhá-los com o esquema da evolução. Estar familiarizado com os movimentos e as correntes de pensamento no mundo, e ficar a par deles, pode parecer uma tarefa hercúlea, além da capacidade do trabalhador comum, mas isso não é tão difícil quanto parece à primeira vista. Pois temos de conhecer somente as grandes linhas e a tendência geral desses vários tipos de movimento e não os detalhes, e essas linhas gerais podem facilmente ser aprendidas dos muitos excelentes artigos e livros que atualmente podem ser obtidos a custo muito moderado.

De certa maneira, é uma vantagem ter uma clara compreensão dos princípios e das ideias fundamentais sem sobrecarregar a mente com detalhes, pois ela habilita-nos a ver mais facilmente a importância e o significado subjacentes a estes movimentos. A mente que está sobrecarregada com um número demasiado de detalhes pode perder-se neles, "olha as árvores e não vê o bosque".

## IV. 2 *Especialização*

Considerando a natureza variada do trabalho que tem de ser realizado pela Sociedade Teosófica no mundo em geral, e as diferentes capacidades e temperamentos de cada um de seus membros que devem participar neste trabalho, é óbvio que diferentes pessoas deveriam especializar-se em diferentes linhas de atividade, se é que queremos que o trabalho seja feito de forma eficiente e tranquila. Em todos os organismos vivos e saudáveis deve haver especialização de funções e unidade de objetivo, e assim, uma vez que definimos o objetivo geral da Sociedade e determinamos as linhas de atividade através das quais este objetivo deve ser atingido, devemos providenciar a distribuição do trabalho entre os membros de uma maneira que gere um máximo de eficiência e que se obtenha o melhor resultado possível. Isto requer que trabalhadores treinados nas diferentes linhas estejam disponíveis e aptos a executar o trabalho que lhes couber de uma maneira eficiente. Tal treinamento deveria ser dado em centros de treinamento especiais, organizados e mantidos pela Sociedade Teosófica em todas as suas Seções, se possível. Nessas instituições cada trabalhador deveria ter a possibilidade de adquirir um sólido conhecimento de Filosofia Esotérica e dos assuntos em que esteja especialmente interessado, e de aprender a técnica de seu trabalho através de um curso prático de treinamento intensivo. Ele terá, é claro, que aumentar continuamente o conhecimento que adquiriu em sua linha especial, tentar novas experiências e, à luz dos resultados obtidos, melhorar constantemente seus métodos. Em suma, deverá tornar-se um especialista.

Todo trabalhador da Sociedade Teosófica deveria tentar ser especialista, pelo menos em um assunto. Deveria tentar conhecer tudo quanto lhe fosse possível sobre este assunto, de modo que suas opiniões possam ter algum peso, e se seu assunto for de natureza prática, de modo que se possa ter a certeza que qualquer tarefa que lhe seja confiada dentro de sua linha será executada com habilidade consumada. Se ele deve falar sobre a matéria, deveria estar apto a fazê-lo com autoridade e prender a atenção daqueles que estão interessados naquela linha de pensamento. As pessoas do mundo, hoje em dia, estão acostumadas a formar suas opiniões segundo a dos peritos, e ninguém que não seja um mestre na sua matéria produzirá qualquer impressão na mente do homem médio instruído, ou nem mesmo será levado a sério com relação ao que tem a dizer. Essa especialização em qualquer matéria não requer capacidades ou qualidades excepcionais porque é possível limitar a extensão de qualquer assunto pela medida de nossa capacidade ou o alcance de nossos interesses. Se verificamos, por exemplo, que não podemos dominar toda a literatura da Sociedade Teosófica, selecionemos alguns determinados aspectos da Filosofia Esotérica e nos especializemos neles. Mas dentro desta área deveríamos tentar ser realmente proficientes, de modo que seja possível às pessoas que vêm a nós em busca de auxílio ter absoluta confiança em nosso conhecimento e experiência. Esta proficiência não somente habilitar-nos-á a ajudar os outros eficientemente, mas libertar-nos-á da timidez e da falta de autoconfiança de que sofrem tantos membros. É realmente admirável quão rapidamente o domínio consciente de qualquer assunto ou arte prática, por mais limitado que seja seu alcance, desenvolve em nós confiança e autorrespeito e habilita-nos a causar uma boa impressão em qualquer ambiente em que nos encontremos.

Especialização não quer dizer, é claro, que o trabalhador deveria confinar-se às atividades ou matérias de estudo que selecionou. A especialização foi descrita caricaturalmente como "conhecer mais e mais sobre menos e menos". Conquanto devamos certamente conhecer cada vez mais sobre nossa matéria especial, não necessitamos restringi-la para aumentar nossa utilidade. Ao contrário, deveria ser nosso objetivo aumentar constantemente nossas capacidades acrescentando novas atividades e linhas de pensamento àquelas em que nos fizemos proficientes. Ninguém pode ser um verdadeiro perito sem ter um sólido conhecimento de todos os ramos correlatos de conhecimento. Quanto maior for o alcance de nossa atividades e maior a esfera em que nossa mente se movimenta, mais úteis seremos para os nossos Irmãos Mais Velhos e mais facilmente poderemos adaptar-nos em seus esquemas para o melhoramento da humanidade. Mas esta expansão de nossas atividades e capacidades não deveria ser obtida às expensas da qualidade e da eficiência, e não deveríamos nos permitir degenerar naquela classe de gente a quem se pode aplicar expressões como: "Pedro faz tudo" ou "quebra-galho".

Especialização também não quer dizer que usemos antolhos ou conservemos nossos olhos fechados com relação a outros tipos de trabalho que não estejam em nossa linha. De fato, deveríamos ter um saudável interesse em todos os tipos de trabalho, não só para evitar a estreiteza de pontos de vista, ou somente para desenvolver um sentimento de companheirismo com nossos colegas, mas também para que, em ocasiões especiais, em emergências, quando houver uma carência de trabalhadores, nos seja possível preencher as lacunas e evitar que um determinado trabalho seja completamente arruinado por falta de trabalhadores convenientemente treinados. Isso será possível se nos conservarmos em contato com todos os tipos de atividades em curso na Sociedade Teosófica e tivermos realmente dominado os métodos de certos trabalhos especiais. Pois os princípios do trabalho bom e eficiente são mais ou menos os mesmos para todas as linhas de atividade, e um ligeiro reajustamento nos métodos e a aquisição de algum conhecimento especial sobre a nova atividade que empreendemos, habilitar-nos-á a mudar de uma para outra e a fazer o novo trabalho toleravelmente bem.

Estes vários pontos tratados nos parágrafos anteriores, em resumo, querem dizer simplesmente que todo trabalhador da

Sociedade Teosófica deveria ser capaz de fazer um certo tipo de trabalho pelo menos com eficiência, se não com perfeição, de modo que aqueles que lhe deram o encargo possam confiar que o trabalho será conduzido de maneira satisfatória. Não há nada mais irritante para uma pessoa responsável por algum trabalho importante do que ser obrigada a estar sempre atenta àqueles que trabalham sob sua direção, porque nunca pode estar segura que a tarefa confiada a cada indivíduo será feita com a necessária habilidade e presteza. Se estudarmos a operação das inúmeras organizações e indústrias que trabalham no mundo exterior, o aspecto mais notável que verificaremos é a grande eficiência com que cada trabalhador faz a sua parte, permitindo que todo o mecanismo funcione fácil e proveitosamente. A eficiência é uma das características marcantes de um ocultista e nós, que aspiramos tornar-nos ocultistas, certamente não deveríamos nos permitir ser menos eficientes e dignos de confiança do que estes que trabalham no mundo externo sem ideais para guiá-los. É verdade que eles trabalham por dinheiro, e geralmente sob grande pressão externa, enquanto nós o fazemos por amor ao trabalho. Mas isso deveria fazer qualquer diferença na maneira de trabalharmos?

## IV. 3 *Vida Interna*

A eficácia do trabalho que fazemos para a Sociedade Teosófica ou, de fato, para qualquer movimento espiritual semelhante ao nosso, depende não somente de nosso conhecimento, não somente de nosso treinamento, mas também em grande medida daquilo que somos, isto é, do quanto desenvolvemos nossas faculdades espirituais latentes, e do quanto adquirimos aquele poder de influenciar as pessoas ao nosso redor, independentemente da palavra falada. Não é suficientemente compreendido que as pessoas, em geral, não são tão influenciadas pelo que dizemos, quanto pelo poder e pela influência sutil que está por trás daquelas palavras. As pessoas podem admirar uma conferência brilhante, podem ser arrebatadas temporariamente quando é feito um forte apelo às suas emoções, mas o efeito não perdura e nunca é muito profundo. Enquanto que o poder da sinceridade, seriedade e outras expressões mais diretas de nossa natureza espiritual é tal que, muito tempo depois de termos entrado em contato com uma pessoa assim, suas palavras e ações continuam a influenciar nossa vida e mudar nossos pontos de vista, ainda que possamos não estar conscientes deste fato.

Um trabalhador da Sociedade Teosófica, diferentemente do trabalhador em outros campos de pensamento e ação, como por exemplo, política e reforma social, deve não somente influenciar as mentes e as emoções das pessoas a seu redor, mas deve despertar um pouco aqueles princípios espirituais nelas latentes, conhecidos em nossa literatura como *Buddhi* e *Ātmā*.

Somente o despertar desses princípios, pelo menos em alguma medida, pode dar a essas pessoas a capacidade de perceber as verdades da vida superior, de mudar seus pontos de vista e de trilhar, se possível, o caminho do desenvolvimento interno, o que se torna necessário como resultado de tal percepção. O estadista que trabalha no campo da política, por exemplo, pode frequentemente atingir seu objetivo apelando para o intelecto ou mesmo para paixões inferiores e interesses egoístas do homem, mas o apelo do trabalhador teosófico tem geralmente de ser feito às partes mais elevadas da natureza humana, que não está acostumada a encontrar expressão em sua vida comum e, portanto, não é fácil de alcançar e despertar. Daí a grande necessidade de tentar desenvolver sua própria natureza espiritual, de modo que ele possa despertar, por meio de vibrações semelhantes, as faculdades e as percepções espirituais mais elevadas dos outros.

É necessário que todos nós compreendamos que somente podemos comunicar aos outros aquilo que nós mesmos possuímos e que não há quantidade de palestras e conferências que nos habilite exercer esta influência espiritual dinâmica sobre os outros se as faculdades espirituais em nosso interior estão ainda adormecidas. Por meio de palestras e conferências, certamente podemos afetar as mentes dos homens, podemos comunicar ideias e mudar convicções. Pelo fervor emocional podemos despertar suas paixões e emoções e levá-los a fazer qualquer coisa no fervor do momento. Mas para tocar e despertar suas aspirações e intuições mais profundas é necessário que nós mesmos estejamos espiritualmente despertos e tentando viver a vida interna do Espírito. Deve estar ocorrendo dentro de nós aquela intensa atividade e rápido desenvolvimento de nossos princípios superiores que, inevitavelmente, encontram expressão na personalidade externa numa visão espiritual serena e numa vida reta e equilibrada.

Este processo de desenvolvimento interior que está progredindo muito lentamente no caso de todos nós, somente pode ser acelerado por meio da *sādhanā*, aquela disciplina gradual e sistemática de nossa natureza inferior e o progressivo desenvolvimento de nossas faculdades espirituais que estão inplícitos neste termo. Quais são os elementos dessa autodisciplina? Quais são aquelas qualidades especiais que devemos tornar parte de nosso caráter? Este não é o lugar para tratar desta ampla questão, embora ela seja tão importante para todo sincero trabalhador da Sociedade Teosófica. O problema de nosso desenvolvimento interior foi tratado por nossos líderes de modo bastante completo, em muitos e excelentes livros e tratados, e qualquer um que queira estudar a questão deve familiarizar-se com esta interessante literatura. Se ele empreender esta fascinante tarefa verificará que tem de trabalhar sobre si mesmo com determinação, e edificar sua vida interna em bases inteiramente novas. Aos poucos e com paciência ele deve, de um lado, eliminar de seu caráter todas as tendências más e indesejáveis, uma a uma, e de outro, construir todas aquelas qualidades e virtudes que entram na formação de um caráter forte e puro. E, à medida que a mente e o coração são assim purificados, verá florescer aquelas faculdades superiores que são a fonte daquele poder sutil e secreto exercido por todos aqueles que são pessoas realmente espiritualizadas.

## IV. 4 *Qualidades Indispensáveis*

Ainda que não seja possível tratar aqui do maior e mais abrangente problema da autocultura, que é realmente um assunto para uma vida inteira de estudo e disciplina, talvez seja o caso de chamar a atenção do trabalhador sincero para algumas qualidades especiais que são quase indispensáveis no trabalho teosófico e que, por estarem ausentes, prejudicam a utilidade de muitos trabalhadores entusiasmados. Devemos tentar adquirir estas qualidades em grau suficiente tão depressa quanto possível, de modo que nossa eficiência, como um trabalhador, possa ser proporcional à nossa capacidade e ao nosso desejo de ajudar. Quão frequentemente encontramos pessoas com grandes capacidades e com aspirações muito ardentes simplesmente desperdiçando suas oportunidades de dar uma excelente contribuição ao trabalho da Sociedade Teosófica, porque a falta de algumas destas qualidades neutraliza suas forças mentais e impossibilita-as de adaptarem-se em qualquer lugar no esquema de nosso trabalho. Consideremos, então, bem resumidamente, algumas destas qualidades especiais que todo trabalhador deveria esforçar-se para desenvolver, e tornar uma parte permanente e proeminente de seu caráter.

### IV. 4. 1 Iniciativa

Ainda que o trabalho da Sociedade seja feito através de uma organização e haja uma mecanismo definido em cada Seção para a execução de seus planos, ainda assim deveria ser bastante óbvio, para qualquer um que esteja familiarizado com o seu funcionamento, que a Sociedade deve contar, para levar adiante seu trabalho, com seus membros espalhados por todo o mundo, algumas vezes em regiões longínquas, ou em lugares remotos. Estes membros comumente têm de trabalhar em um ambiente que muito raramente é favorável à recepção de suas ideias e modos de pensar e, em certos lugares, pode ser francamente hostil. Eles não podem sempre ter da Seção Nacional o encorajamento e o auxílio que naturalmente esperam. Sob tais circunstâncias, abrir um caminho de conhecimento e nova vida nas trevas da ignorância circundantes, não é uma tarefa fácil e a qualidade mais necessária é aquele poder de tomar iniciativa que caracteriza a todos os pioneiros. Sem esta força propulsora, que nos habilite trabalhar constante e persistentemente em um meio adverso, o trabalhador certamente ficaria paralizado pelas condições desfavoráveis ao seu redor, e adotaria uma atitude derrotista. Assim, que todo trabalhador que aspire trabalhar nesse difícil campo e que tenha se dedicado a dissipar a ignorância humana e trazer a luz dos Céus à Terra, desenvolva esse poder de iniciativa, lutando constantemente com as suas circunstâncias e atingindo alguns resultados definidos apesar delas. É verdade que alguns trabalhadores podem ser postos em circunstâncias mais favoráveis, mas é difícil imaginar qualquer situação onde esta qualidade não seja necessária e onde ela não aumente enormemente a eficiência do trabalhador. Por toda a parte encontramos pessoas que praticamente cruzam os braços, deixam-se levar pela correnteza e permitem que o trabalho sofra, porque não têm o poder de tomar iniciativa e vencer as dificuldades. Que tais pessoas se lembrem que devem, em boa medida, criar seu trabalho no ambiente em que estão situadas e que onde há vontade, há sempre um caminho.

### IV. 4. 2 Busca da perfeição

Há um modo de fazer as coisas que, por sua beleza requintada, faz a Divindade brilhar através de nosso trabalho. A necessidade de eficiência em nosso trabalho já foi tratada no capítulo precedente, mas a eficiência não é o único dos elementos neste modo ideal de fazer as coisas e, por si só, não pode produzir aquela perfeição que devemos sempre almejar. Há outros elementos — beleza, harmonia, proporção e muitos outros — que constituem aquela combinação que a perfeição em nosso trabalho requer. Como todas as coisas que são um reflexo da Divindade na vida enfadonha e rotineira aqui da terra, essa perfeição é muito difícil de definir ou explicar, mas aqueles que desenvolveram sua intuição podem, ainda assim, sentir e compreender intuitivamente o que ela é e como esforçar-se para obtê-la.

Em nosso entusiasmo e desejo de ver nosso trabalho expandir-se e trazer resultados rápidos e tangíveis, somos propensos a passar por cima deste elemento de qualidade e a fazer as coisas de um modo um tanto descuidado, esquecendo que a maneira de fazê-las importa tanto quanto o que fazemos. É somente através da qualidade de nosso trabalho que podemos imprimir-lhe este caráter de perfeição e habilitá-lo a tornar-se um veículo da Vida Divina. Eis porque, à medida que avançamos espiritualmente, a maneira de fazer as coisas começa a importar mais e mais para nós, e esta luta pela perfeição torna-se quase uma paixão.

E, no entanto, quão frequentemente vemos esta necessidade de tudo fazer-se com beleza, harmonia e eficiência, quase que completamente ignorada em nossas Lojas. Temos em alguns lugares grandes e imponentes propriedades, mas absolutamente negligenciadas, sujas, com teias de aranha pendentes por toda a parte e quadros todos tortos. Em outros lugares, temos reuniões com boa assistência, mas onde não há aquela atmosfera harmoniosa, suave e organizada que assegura uma calma troca de ideias e o livre fluxo de forças espirituais dos planos mais elevados. Encontramos em nossa lida toda espécie de gente, mas falta-nos aquele toque delicado de refinamento e boa vontade que, imediatamente, capta suas atenções e faz uma grande diferença na influência que possamos exercer sobre essas pessoas. Nós simplesmente nos desencumbimos de nosso trabalho, ao invés de conduzi-lo como um artista, que tenta fazê-lo tão perfeito quanto possível em todos os detalhes. Estas coisas poderão mudar somente quando nossos trabalhadores compreenderem que tudo quanto fazemos deveria ser feito tão perfeito quanto possível, como uma oferenda ao

Supremo, e que este trabalho, do ponto de vista oculto, não é diferente da adoração.

### IV. 4. 3 Tolerância

A Sociedade Teosófica é uma vasta organização espalhada por todo o mundo, compreendendo pessoas de diferentes nacionalidades, raças, culturas e crenças. Seus membros estão trabalhando em quase todas as esferas de pensamento e atividade, tentando projetar a luz da Filosofia Esotérica por toda a parte e, através da visão assim adquirida, ajudar na realização de uma síntese dinâmica de tudo aquilo que é bom, verdadeiro e belo. A Sociedade traz, assim, para um estreito relacionamento pessoas com diferentes temperamentos e trabalhando em diferentes campos do empreendimento humano, e não deveria ser difícil ver que, para haver um trabalho conjunto harmonioso com elementos tão variados, a qualidade mais necessária é a tolerância. O que o óleo lubrificante faz por uma máquina, a tolerância faz por nossa organização heterogênea. Ela impede o atrito, neutraliza a tendência à ruptura, e permite que todo o organismo funcione suavemente.

Mas deveríamos saber o que é a verdadeira tolerância e distingui-la de sua pseudoforma, tão frequentemente tomada pela verdadeira. Se discordamos de outra pessoa podemos reconhecer teoricamente seu direito de pensar e agir diferentemente mas, ao mesmo tempo, pode haver um elemento de desrespeito em nossa atitude que nos impeça de compreender seu ponto de vista e cause um certo antagonismo em nossa mente subconsciente. Este não é o tipo de tolerância conveniente às nossas relações mútuas e que possa trazer um ajuste harmonioso dos diferentes elementos que devem se encaixar para a realização de nosso trabalho. A tolerância que necessitamos implica num claro reconhecimento de que toda alma é divina em sua origem e está desenvolvendo sua vida em seu próprio e único caminho, trilhando sua própria senda que, necessariamente, deve ser diferente da nossa. Se realmente sentirmos dessa maneira, e não meramente aceitamos este princípio em abstrato, então não pode haver lugar para qualquer desrespeito ou hostilidade, seja velado ou aberto, em nossa atitude em relação aos nossos colegas, mas pelo contrário, deve haver uma certa dose de reverência e simpatia, quer concordemos ou não, em nossos pontos de vista. Se devemos opor-nos aos outros, deveríamos fazê-lo sem malícia em nosso coração, no espírito de um agente do Plano que deve executar o dharma de sua posição, como ele o vê. Se vemos faltas e mesmo vícios nos outros não deveríamos sentir qualquer repulsa. Deveríamos tentar alcançar a vida divina que está aprisionada nos corpos ainda não desenvolvidos e não controlados, e num espírito de camaradagem, devemos fazer um esforço para ajudar nosso irmão a livrar-se dos obstáculos. É somente este tipo de atitude ampla e oniabarcante que realmente merece o nome de tolerância, e que pode assegurar a união de tão diversos elementos, operando em perfeita harmonia, e inclinados a alcançar um propósito comum.

### IV. 4. 4 Cooperação

Como não somos apenas uma corporação de homens e mulheres compartilhando das verdades vitais da Filosofia Esotérica, mas também um grupo de trabalhadores devotados a disseminar essas verdades o mais amplamente possível, e a produzir profundas mudanças nos modos de pensar e nos pontos de vista prevalecentes no mundo, a mera tolerância, ainda que necessária, não é suficiente. O que se requer, além disso, é a atitude de cooperação ativa, a disposição e a capacidade de trabalhar com pessoas de todos os tipos de temperamentos e modos de pensar, na procura de um objetivo comum. Não podemos pôr de lado estas diferenças, nem sempre podemos escolher nossos colaboradores e, no entanto, temos de trabalhar juntos. Deve haver, assim, este espírito de sincera cooperação, e o desejo de dar aos nossos colegas trabalhadores todo o auxílio e suporte moral que possam necessitar em seu trabalho. Este desejo de ajudar os outros não deveria, é claro, chegar ao ponto em que se torna interferência. Deveríamos deixar que as outras pessoas fizessem seu trabalho à sua maneira, mesmo que não a consideremos a melhor possível nas circunstâncias. Estar sempre pronto a ajudar, onde quer que a ajuda seja necessária, e ainda assim não ter o desejo de interferir, é uma atitude da mente que não é fácil de ser adquirida, mas que tem de ser adquirida por todo trabalhador que deseja qualificar-se para o privilégio de trabalhar sob a direção dos Irmãos Mais Velhos.

# CAPÍTULO V

# ORGANIZAÇÃO DO TRABALHO DE UMA SEÇÃO NACIONAL

Ao discutirmos a organização do trabalho na Sociedade Teosófica, devemos realmente tratar da organização de seu trabalho nas Seções Nacionais funcionando em diferentes países. Este trabalho naturalmente variará de um país para outro e estará sujeito às condições peculiares lá predominantes. Mas certos princípios gerais que deveriam governar tal trabalho podem ser estabelecidos e algumas linhas gerais de trabalho também podem ser indicadas. Estas últimas podem ser adotadas, modificadas ou alteradas de acordo com as necessidades de cada Seção e as circunstâncias particulares predominantes em cada lugar.

## V. 1 *Princípios Gerais*

### V. 1. 1 Unidade de propósito

O primeiro princípio que pode ser estabelecido é que cada Seção Nacional da Sociedade Teosófica deveria ser um microcosmo refletindo e reproduzindo em si o espírito e os métodos de trabalho da corporação matriz e a sede central da Seção deveria ser uma reprodução em menor escala da Sede

Internacional em Adyar. De fato, este princípio deveria prevalecer em toda a organização da Sociedade, começando pela corporação matriz, continuando pelas Seções, Federações e Lojas, até os membros individuais. Cada unidade de trabalho deveria ser uma espécie de miniatura da unidade maior da qual faz parte, deveria corporificar seu espírito e objetivos, e deveria adaptar-se às condições mais limitadas e peculiares da esfera menor em que opera. Deveria inspirar, guiar e ajudar as unidades menores dentro de sua jurisdição, e por sua vez deveria apoiar, seguir as sugestões e, na medida do possível, executar a política e os planos da corporação imediatamente superior. Este espírito deveria caracterizar toda a organização da Sociedade, pois somente assim será possível, para seus diferentes componentes, esforçarem-se na mesma direção e trabalharem eficientemente para um propósito comum.

### V. 1. 2 Um centro forte

O próximo princípio geral, que deveria fazer parte de nossa política, é que a sede

central da Seção deve ser o ponto central da Seção Nacional, um centro dinâmico dando energia, inspiração e auxílio a todas as Lojas e inundando o país com as verdades da Filosofia Esotérica e as influências espirituais que são geradas no Centro. Por outro lado, as Lojas deveriam não somente organizar o trabalho local e preocupar-se com as necessidades da vizinhança imediata, mas também deveriam dar apoio ativo e estar em constante comunicação com a sede central da Seção. Esta constante interação das forças centrífuga e centrípeta é absolutamente necessária para o funcionamento vital e saudável de qualquer Seção. Quando a sede central da Seção se limita à função de uma agência de correio e não dá auxílio, inspiração e direção às Lojas sob sua jurisdição e, em consequência, cessa de receber apoio e cooperação das Lojas, a Seção como um todo está fadada a sofrer por falta de vitalidade e eficiência, ainda que possa estar executando normalmente seu trabalho de rotina.

É necessário compreender claramente este fato de que a sede central da Seção não está preenchendo sua função de forma apropriada se ela meramente coleta as contribuições devidas por seus membros, conserva-os em contato com as atividades que têm lugar na Seção através da revista oficial, e leva adiante seu trabalho rotineiro comum. Deve haver um esforço constante e crescente para espalhar a influência da Filosofia Esotérica no país e melhorar a organização através da qual isto pode ser feito, de todas as maneiras possíveis. A iniciativa para todos os tipos de atividades deve originar-se na sede central da Seção, o trabalho para todo o país deve ser planejado e organizado na sede central e não ficar inteiramente à iniciativa local e aos recursos das Lojas, que em muitos casos são fracas e isoladas e não estão em condições de ajudar a si mesmas. Este ponto deve ser enfatizado porque algumas vezes aqueles que estão na direção, seguindo a política tradicional, nada fazem além do trabalho rotineiro normal. Supõe-se que a iniciativa para qualquer tipo de nova atividade deve vir da Loja interessada, ou onde não haja Loja, do público local. Os resultados nocivos desta política errada são bastante evidentes e esperados. Vastas áreas na Seção permanecem absolutamente em branco no mapa das atividades da Sociedade Teosófica naquele país e nunca recebem a luz e a influência da Sociedade Teosófica. Como podemos esperar que aqueles que nunca ouviram falar da Filosofia Esotérica e não conhecem seu valor deem os passos necessários para estabelecer Lojas da Sociedade Teosófica e centros de influência teosófica?

É nosso dever, através das sedes centrais das Seções Nacionais, levar a Filosofia Esotérica a todas as partes do país e, sistematicamente, trazer cada área para dentro da esfera de sua influência. Assim como uma grande organização comercial gradualmente estende a esfera de seu trabalho em cada parte do país, sistematicamente criando filiais em todas as cidades importantes, supervisionando seu trabalho cuidadosamente e, do centro, controlando a política geral, do mesmo modo uma Seção deve abrir e manter Lojas em toda a sua área, zelosamente guardando e impulsionando vigorosamente os interesses da Sociedade em todo lugar. Não há nada de mundano ou de não espiritual nesse modo de agir. Se desejamos espalhar a luz e a influência da Sociedade Teosófica pelo mundo inteiro, devemos adotar os meios mais eficientes para atingir nosso objetivo.

Um centro forte controlando e coordenando as atividades de todas as Lojas também ajudará na eliminação de sentimentos provinciais e de patriotismo local que muito frequentemente colore a maneira de ver dos membros de uma Loja e lhes impede de ver o trabalho total da Sociedade Teosófica de um ponto de vista mais amplo e universal. Por vezes há uma tendência em determinada Loja para confinar seus interesses ao trabalho local e ignorar completamente os interesses da Sociedade da qual é uma parte. Tal atitude deve ser censurada não apenas por ser estreita e contra o verdadeiro espírito da Sociedade, mas também por interferir com a utilização apropriada de nossos recursos. Uma Loja, por exemplo, vem a possuir uma considerável quantia em dinheiro e, não estando ativa, não está apta a utilizá-la de maneira apropriada. Em vez de transferir sua sobra para outras Lojas que estão necessitando ou que podem utilizar o dinheiro de uma maneira melhor, o dinheiro é desperdiçado em toda espécie de atividades inúteis e é realmente jogado fora, sob o ponto de vista do trabalho como um todo. Devemos cultivar o hábito de considerar todo o trabalho da Sociedade Teosófica, em toda a parte do mundo, ou pelo menos em nossa Seção, como o trabalho dos Mestres e, portanto, nosso trabalho. As Lojas mais prósperas e fortes deveriam ajudar aquelas que são menos afortunadas a este respeito e necessitam auxílio externo. É desnecessário ressaltar que será possível realizar a coordenação e cooperação das Lojas mais eficientemente, se houver um centro forte, ligado por laços fortes a todas as Lojas da Seção.

### V. 1. 3 Grupo qualificado de trabalho

Esta organização e planejamento do trabalho, em todas as suas ramificações, na sede central da Seção, e sua eficiente execução através de um mecanismo adequado, requererá um grupo de trabalhadores competentes que tenham se especializado nos diferentes ramos do trabalho, e em quem se possa confiar que farão sua tarefa com eficiência e senso de responsabilidade. Todos estes diferentes tipos de atividades e planos deveriam ser coordenados no centro de modo que a maquinaria administrativa funcione suavemente para que as diferentes pessoas não desperdicem tempo e energia trabalhando em finalidades contraditórias. Qual a forma especial que esta máquina administrativa tomará compete aos membros da Seção decidir.

Se queremos ter um grupo de trabalho treinado e qualificado na sede central, com o propósito de planejar e executar esquemas operacionais abrangentes, deveríamos abandonar a atual política de contar principalmente com aposentados que podem trabalhar gratuitamente. Deveríamos recrutar para o trabalho os mais enérgicos e talentosos trabalhadores que possamos obter, e para aqueles que necessitam assistência financeira, providenciar fundos da Seção. Nunca teremos uma administração eficiente e progressista nos negócios da Sociedade enquanto dependermos dos precários serviços gratuitos de trabalhadores aposentados, que chegam ao trabalho após terem despendido a melhor parte de sua vida em esferas de atividade em geral completamente diferentes. Isto não quer dizer que não devamos usar o serviço de tais pessoas — há lugar para todos os tipos de capacidades — mas não deveríamos ser obrigados a confiar nosso trabalho, o qual requer energia, iniciativa e experiência, nas mãos de gente que não tem nenhuma experiência nessa linha e que, geralmente, não está disposta a adotar novos métodos e maneiras de encarar as coisas. Este ponto, penso, não requer mais elaboração.

### V. 1. 4 Fundos

Esta necessidade de ter um pessoal altamente treinado e eficiente a serviço da Seção coloca-nos a questão da necessidade de fundos. "Onde vamos arranjar todo esse dinheiro?" — imagino alguns membros perguntando a si mesmos um tanto alarmados. É claro que o obteremos dos membros da Seção. Quem mais vai pagar pelo trabalho da Sociedade Teosófica? Podemos, com justiça, pedir àqueles que nunca ouviram falar da Filosofia Oculta e não conhecem seu valor que paguem por nosso trabalho, enquanto nós, que temos a inestimável vantagem de conhecer as verdades da Filosofia Esotérica e de reparti-la com os outros, ficamos indiferentes e nos recusamos a abrir nossas carteiras? Mas não há razão para alarme nesta questão. O número de membros em algumas das Seções maiores é suficientemente grande para possibilitar-nos obter tudo o que necessitamos, desde que os membros decidam dar um pequeno auxílio — tão pequeno que eles dificilmente sentirão qualquer falta. E a nova vida que podemos dar à Seção e o grande número de novos membros que virão como resultado de nossas atividades bem organizadas, logo porão nossas finanças em condições tão florescentes que esse auxílio extra em breve não será mais necessário, embora eu não veja razão para que ele cesse em qualquer momento. Quantos são os membros que realmente não podem pagar um pouco cada mês, se assim o decidirem, embora haja muitos que pensam que não podem? Não são muitos, na verdade. E mesmo se houver uns poucos — apenas um punhado — haverá muitos mais em posição de se responsabilizar por estes irmãos realmente pobres.

Minha experiência pessoal mostrou-me que a maior parte das pessoas não se importa de dar dinheiro ou fazer outros sacrifícios se realmente sentir que o dinheiro está sendo utilizado de maneira apropriada e que seus sacrifícios estão trazendo frutos compensadores. A relutância das pessoas em partilhar seu dinheiro pode sempre ter origem na incerteza quanto ao uso apropriado do mesmo, e pode, portanto, ser vencida se demonstrarmos bons resultados do dinheiro que lhes pedimos. De qualquer maneira, nenhum trabalho bom e necessário realmente sofreu por falta de dinheiro. No fundo há sempre outras causas responsáveis pelos insucessos e resultados pouco satisfatórios. Portanto, não fiquemos indevidamente ansiosos com as finanças e, com coragem e fé em Deus, sigamos adiante com nossos projetos. O dinheiro deve vir de algum lugar se estamos resolvidos a fazer o melhor possível.

### V. 2 *Atividades Básicas*

Depois das considerações destes princípios gerais, podemos tratar agora, muito abreviadamente, de algumas atividades que podem ser adotadas por quase todas as Seções na organização de seu trabalho. É verdade que as necessidades das diferentes Seções variam de acordo com as condições locais, mas há certos métodos básicos de trabalho que são de aplicação geral e, assim, deveriam constituir uma norma para o trabalho de todas as Seções, com algumas modificações que se fizerem necessárias. Consideremos algumas das mais importantes destas atividades básicas.

### V. 2. 1 Abertura e manutenção de Lojas

A eficiência e rapidez com que as verdades da Filosofia Esotérica se propagam em qualquer Seção depende do número e da vitalidade dos centros que possamos manter nessa Seção. Cada um destes centros serve como uma espécie de instrumento para a difusão das ideias teosóficas e quanto mais forte ele for, mais eficiente será sua disseminação. É portanto óbvio que a abertura de tais centros, sob a forma de novas Lojas e sua manutenção em atividade é uma das funções primordiais de toda Seção da Sociedade Teosófica. Não basta meramente manter na sede central um registro das lojas existentes e do número de membros que entram ou saem, mas deveria haver em cada Seção um departamento separado e convenientemente organizado ocupando-se somente da abertura de novas Lojas, de forma sistemática, em toda parte do país, e da manutenção das existentes num nível mínimo de eficiência. Esse trabalho deveria continuar ano após ano, e nossa influência deve cada vez mais aprofundar-se na vida das pessoas. Deveria haver na sede central um grupo permanente de trabalhadores treinados e experientes, regularmente organizando esse trabalho, com conhecimento e experiência especializados à sua disposição, e que esteja sempre procedendo a novos experimentos visando métodos de trabalho mais eficientes. O fato de que o sucesso de nossos esforços nesta linha depende, em grande medida, dos métodos que adotamos, e que métodos mais eficientes somente podem ser descobertos pela constante experimentação, talvez ainda não tenha sido compreendido com bastante clareza. Em geral estamos prontos para enfrentar o problema de uma maneira aleatória, confiando na sorte e nas probabilidades em questões que, na verdade, dependem de fatores psicológicos definidos.

### V. 2. 1. a) Técnica de abertura de uma nova Loja

Tomemos, por exemplo, o método que algumas vezes é seguido para a abertura de uma nova Loja. Um conferencista vai a um lugar novo, faz um certo número de conferências sobre tópicos da Filosofia Oculta e, se algumas pessoas se interessarem pelo assunto, forma-se uma Loja. Não se considera necessário fazer mais nada, e a Loja é usualmente entregue a seu destino para trabalhar da melhor maneira que puder. Algumas vezes, é claro, o conferencista não consegue despertar suficiente interesse para formação de uma Loja e admite-se como certo que tenha sido prematuro o estabelecimento de um centro da Sociedade Teosófica na localidade. Pode-se ver que este processo de abertura de novas Lojas é de tão bom senso quanto o do agricultor que, simplesmente, atira umas poucas sementes em um solo não preparado e confia na sorte para que criem raízes e se desenvolvam em plantas saudáveis. A formação e o crescimento de uma nova Loja é como o plantio de uma árvore. Cumpre-nos primeiro preparar o solo, depois introduzir a semente, e então continuar a regar e cuidar da árvore jovem até que, suficientemente crescida, não necessite mais de auxílio externo. Da mesma maneira temos que seguir uma técnica definida no estabelecimento de uma Loja, cuidando-a até que seja autossuficiente e forte.

Esta técnica realmente requer os serviços de todo um grupo de trabalhadores especialmente capacitados, por treinamento e temperamento, para executar em conjunto as diferentes partes do trabalho. Em primeiro lugar, deve haver um grupo de trabalhadores — dois ou três — que, depois de uma cidade ter sido definitivamente escolhida para a abertura da Loja, fossem até lá e preparassem o terreno tão bem quanto pudessem. Eles deveriam encontrar pessoas interessadas nos mais profundos problemas da vida, combinar algumas palestras sobre temas da Filosofia Oculta e outros assuntos afins, ver que essas palestras sejam apropriadamente anunciadas e que todas as pessoas nelas interessadas sejam convidadas, e de todas as maneiras preparar o terreno para a recepção das novas ideias que os palestrantes posteriormente apresentarão às pessoas na localidade.

Uma vez concluído esse trabalho, outro grupo de trabalhadores, bons palestrantes, entram em cena e fazem uma série de palestras interessantes tendo em vista despertar o interesse e o entusiasmo de um certo número de pessoas que estejam assistindo a estas palestras. Pode-se realçar aqui que os palestrantes diferem muito em suas capacidades e temperamentos e, enquanto alguns são qualificados para despertar o interesse das pessoas em novas ideias e elevar suas mentes até um grau não usual de entusiasmo, outros têm maior capacidade para tratar sistematicamente dos diferentes aspectos de um assunto e apresentá-lo a uma audiência já preparada para a recepção daquelas ideias. É portanto necessário, por alguns dias no início, que sejam postos na plataforma palestrantes do primeiro tipo, que possam despertar nas pessoas um alto grau de interesse na Filosofia Esotérica e fazer com que desejem saber mais sobre o assunto. Quando isso tiver sido feito e houver um número suficiente de pessoas interessadas nessas ideias, forma-se uma Loja, e então a outra classe de palestrantes, que podem apresentar as verdades do Ocultismo sistemática e lucidamente, tomam o trabalho e lançam nas mentes dos membros e simpatizantes os fundamentos daquele conhecimento que eles podem mais tarde elaborar com seus próprios estudos. Uma sequência de tais palestras servirá para estabelecê-los firmemente no ponto de vista recentemente adquirido e assim fortalecer grandemente a Loja.

Mas é necessário que a Loja, recentemente inaugurada, não seja entregue aos seus próprios recursos nem mesmo neste estágio. Um ou dois membros experientes e bem informados da equipe deveriam permanecer por algumas semanas e, através de seções de perguntas e respostas, irem elucidando pontos de perplexidade e removendo as dificuldades dos membros individuais, dando-lhes maior firmeza em seus conhecimentos. E então, acabado o trabalho da equipe, a Seção deveria enviar à Loja trabalhadores e palestrantes experientes em intervalos bastante frequentes por algum tempo para ajudá-la a tornar-se autossuficiente e forte.

A técnica acima delineada certamente dará melhores resultados do que os métodos casuais geralmente seguidos ao fazer este tipo de trabalho. Os diferentes trabalhadores da equipe podem deslocar-se de um lugar para outro, sendo seu trabalho arranjado e coordenado por aqueles a cargo do departamento específico na sede central da Seção. Desta maneira o trabalho de abertura de uma nova Loja pode continuar de maneira sistemática e suave todo o tempo, e é fácil imaginar o rápido crescimento do trabalho e da influência da Sociedade que advirá em consequência.

### V. 2. 1. b) Manutenção das Lojas

Naturalmente, um grupo separado de trabalhadores terá que se encarregar da manutenção das Lojas já existentes. Este trabalho é igualmente importante, pois não há utilidade em abrir uma Loja e então deixar que entre em letargia, ou ter uma mera aparência de atividade. Mas ao organizar a manutenção das Lojas deveríamos, cuidadosamente, evitar a rotina, senão falharemos completamente no propósito de manter a Loja viva e numa condição saudável. Devemos confiar este importante trabalho de dar nova vitalidade a alguns trabalhadores muito aptos e enérgicos, dotados de zelo missionário, que se mantenham em contato com um certo número de Lojas e sejam responsáveis por seu constante crescimento e por sua crescente influência. O nosso objetivo deve ser sempre mais vida e progresso rápido em tais coisas.

### V. 2. 2 Publicidade

Outra faceta de nosso trabalho, sob a direção e responsabilidade de um departamento separado, deveria ser a publicidade, pela imprensa, palestras ou outros meios que possam ser obtidos ou imaginados. A propaganda adquiriu uma importância muito pequena e rotineira em nosso trabalho, e as pessoas não se sentem muito inclinadas a usar esta palavra na tarefa quase sagrada de levar as verdades da Filosofia Esotérica a todos aqueles que estão preparados a recebê-la. Externamente, pode parecer como a conversão de pessoas a um determinado conjunto de crenças, como é feito pelos missionários de diversas seitas, mas aqueles que têm uma ideia clara sobre nossos objetivos e metas sabem que não é nada disso. Trata-se realmente de habilitar as pessoas a verem a vida sob novo ângulo de visão e a vivê-la com maior riqueza e compreensão. Uma tarefa tão delicada e ao mesmo tempo tão urgente requer manejo muito hábil e só pode ser realizada satisfatoriamente por aqueles que estão cheios de um puro zelo e que dela se aproximam num espírito reverente. Não é de admirar, assim, que os métodos comuns, rudes e padronizados, que são geralmente usados para propagar a Filosofia Esotérica, falhem por completo e não tragam a resposta que esperamos.

Este trabalho de propagar o conhecimento da Filosofia Esotérica, quer por palestras quer por escrito, requer estudo cuidadoso da psicologia das diferentes pessoas, suas necessidades e temperamentos. Somente aqueles que adquiriram a arte de apresentar a Filosofia Oculta de maneira agradável podem esperar sucesso. Palestrantes comuns, que simplesmente saem e discursam sobre a Filosofia Oculta de uma maneira mecânica, e sentem-se altamente satisfeitos consigo mesmos por terem cumprido seu dever, algumas vezes fazem mais mal do que bem, porque criam em algumas pessoas um sentimento de antagonismo e tornam a recepção futura dessas ideias ainda mais difícil. É, portanto, recomendável que somente aqueles que têm uma certa aptidão para este tipo de trabalho, e que para ele estão treinados, encarreguem-se de fazer palestras públicas.

Outro ponto a ser notado a este respeito é que as programações de viagens de palestrantes deveriam ser convenientemente organizadas e preparadas, pois de outro modo a energia e o tempo do conferencista serão mais ou menos perdidos. Quando um palestrante vai a um lugar onde nada foi preparado previamente, e não há condição de converter o interesse e entusiasmo por ele criados em resultados sólidos, ele apenas produz uma agitação temporária nas mentes das pessoas e as ondas de entusiasmo decaem muito depressa, não deixando praticamente qualquer vestígio. Os conferencistas deveriam portanto ser enviados, tanto quanto possível, somente para aqueles lugares onde o interesse e a vida que eles criarem possam ser continuados pelo menos por um pequeno núcleo de pessoas interessadas, ficando assim assegurados resultados permanentes de seu trabalho, pelo menos em pequena escala. Palestras esporádicas, com longos intervalos, em lugares, onde não há Lojas, não são muito úteis.

Outro meio de aproximar-se das mentes das pessoas no mundo externo que até agora tem sido muito negligenciado, mas que apropriadamente manejado poderia dar resultados muito bons, é a publicidade através de revistas e jornais comuns. Alguns dos jornais bem conhecidos, em todos os países, dispõem de uma circulação muito grande e qualquer artigo neles publicado pode atingir imediatamente um grande número de pessoas — pessoas que de outra maneira não entrariam em contato com nossas revistas e literatura. Mas é claro que se desejamos utilizar essa via devemos aprender a arte de apresentar a Filosofia Esotérica de uma forma aceitável e interessante para o homem comum. Nenhum redator provavelmente aceitaria nossos artigos se fossem escritos na forma que nos é familiar em nossas revistas. Mas se cuidadosamente evitarmos nossa terminologia peculiar e nossos modos de exprimir as verdades da Filosofia Oculta, e as apresentarmos de uma maneira muito geral e interessante, não há razão para que não passe por este crivo, por cautelosa e conservadora que seja a redação do jornal. É claro que isto requererá contatos com o corpo de redação destes jornais ou mesmo o cultivo de sua amizade, o que deve ser feito consideradas as grandes vantagens que daí podem derivar.

Compete também a cada Seção publicar revistas e livros que tratem dos problemas mais profundos da vida numa terminologia não "teosófica", sem aquele cunho particular de caráter "teosófico" que cria prevenção e repele muita gente que entra em contato com nossas ideias pela primeira vez ou com noções preconcebidas. É realmente admirável quão facilmente as pessoas aceitam uma ideia que não traga rótulo de qualquer denominação especial. Não temos o direito de insistir em dar as verdades do Ocultismo numa forma que torne sua aceitação pelo homem comum desnecessariamente difícil. De fato, é nosso dever fazer tudo que pudermos para tornar essas verdades tão aceitáveis quanto possível e estudar e praticar a arte de torná-las interessantes e cativantes para as pessoas comuns, que as necessitam tanto quanto aqueles que têm uma inclinação especial nesta direção.

Pode chocar algumas pessoas o fato de que, ao adotar este método de aproximação, estejamos realmente tentando penetrar nas mentes e nos corações das pessoas "pela porta dos fundos"; talvez estejamos. Mas não vejo qualquer razão por que não deveríamos fazê-lo quando encontramos a porta da frente trancada e guardada por dois sentinelas muito fortes e irracionais — o orgulho e o preconceito — e quando não há outra maneira de libertar a Vida Divina que aí está aprisionada.

Eis aqui, então, um campo de trabalho muito promissor para todas as Seções, que deveria ser cuidadosamente explorado por aqueles que têm a seu cargo a publicidade e estão estudando meios e modos de tornar a Filosofia Esotérica mais popular e facilmente aceitável. Como tudo que deve ser desenvolvido e aperfeiçoado, este trabalho requererá cuidadoso planejamento, experimentação e treinamento e só pode ser feito por pessoas que tenham determinação e estejam abertas a novas ideias. Este trabalho está além da capacidade daqueles que confiam e insistem nos métodos rotineiros e não estão preparados para dar-se ao trabalho de usar todos os recursos físicos e mentais à sua disposição.

### V. 2. 3 Traduções

Praticamente toda a nossa literatura nos foi transmitida na língua inglesa e isso coloca em grande vantagem aqueles países cuja língua mãe é o Inglês. Dificilmente podemos esperar que as ideias teosóficas se espalhem amplamente num país de língua diferente, se a Seção Nacional não providenciar que pelo menos os livros mais importantes sobre Filosofia Esotérica sejam traduzidos para o idioma do país. Geralmente este trabalho é deixado à iniciativa de membros individuais, mas a tradução sistemática da melhor parte da literatura que pode ser obtida em Inglês é realmente atribuição da Seção Nacional.

Com relação a este trabalho dois pontos requerem consideração especial. Primeiro: esta tradução da literatura da Sociedade Teosófica para o idioma do país deveria ser uma tradução livre e simples, que tornasse mais fácil a compreensão das ideias fundamentais para as pessoas comuns. Uma tradução literal tem sempre a tendência a tornar-se rígida, e assim deixa de despertar o interesse do leitor médio, especialmente quando as ideias são novas e difíceis de serem alcançadas. É claro que o tradutor deve ser cuidadoso para que o sentido não seja alterado e as nuances de significado que são tão essenciais na literatura oculta sejam expressas, mas, resguardadas estas duas precauções, deveria ser feito de tudo para tornar interessante a tradução.

O segundo ponto importante a ter em mente com relação a este trabalho é a grande necessidade de fixar o vocabulário para expressão das ideias teosóficas no idioma do país. Quando o trabalho de tradução fica inteiramente nas mãos de tradutores, trabalhando bastante independentemente, há uma tendência para a infiltração de uma certa imprecisão nas expressões. Tradutores diferentes frequentemente usam palavras diferentes para exprimir as mesmas ideias e é assim que gradualmente a confusão vai se estabelecendo. Consequentemente, uma das tarefas importantes de que deve encarregar-se a Seção na qual o Inglês não é a língua mãe — e, assim sendo, a tradução ou publicação de livros originais no idioma do país torna-se uma atividade necessária — é a tarefa de fixar o vocabulário que pode ser usado por todos os autores e tradutores em seus trabalhos.

Ambos os tipos de trabalho podem ser conduzidos de maneira satisfatória se um comitê de letrados, absolutamente familiarizados com ambas as línguas, for designado para tomar a si a questão de estabelecer o vocabulário a ser usado para a expressão das ideias teosóficas. De fato, seria melhor se, em cada Seção em que exista essa necessidade, houvesse um Departamento de Traduções permanente, trabalhando todo o tempo — desenvolvendo um vocabulário amplo e confiável e supervisionando a tradução e produção dos livros teosóficos por autores especialmente designados para esta tarefa. Sob a inspiração e direção de tal departamento, uma literatura adequada e confiável no idioma do país iria desenvolvendo-se aos poucos, e tornaria progressivamente mais rica a vida intelectual e espiritual daqueles que não dispõem de acesso direto à literatura original em Inglês.

### V. 2. 4 Centros de treinamento

Se o trabalho de uma Seção for organizado sistematicamente da maneira acima descrita, ele naturalmente requererá os serviços de um grande corpo de trabalhadores treinados nas diferentes linhas, e trabalhando em diferentes lugares. Trabalhadores em tão grande número e de tão variadas capacidades só podem ser obtidos se a Seção providenciar instituições onde eles possam ser regularmente treinados e habilitados a exercer suas funções especiais de uma maneira eficiente. A necessidade de termos tais instituições já foi mostrada no capítulo anterior, mas valeria a pena esboçar resumidamente, de uma maneira mais explícita, o funcionamento de um destes Centros de Treinamento. Como este é um assunto importante, será tratado separadamente, no próximo capítulo.

# CAPÍTULO VI

## O FUNCIONAMENTO DE UM CENTRO DE TREINAMENTO DA SOCIEDADE TEOSÓFICA

Do que foi exposto nos capítulos anteriores, ver-se-á que o trabalho a ser executado em uma tal instituição será triplo e que os três objetivos podem ser assim formulados:

1) Prover o ensino gradual e sistemático da Filosofia Esotérica para trabalhadores e outros membros da Sociedade que podem desejar aproveitar esta oportunidade eles mesmos.

2) Prover treinamento sistemático e gradual para várias classes de trabalhadores que desejam fazer trabalho público de acordo com os ideais da Sociedade Teosófica.

3) Prover instrução e direção práticas, em linhas científicas, para aqueles que querem construir um caráter forte e puro, e que desejam desenvolver suas faculdades espirituais com vistas a tornarem-se instrumentos mais eficientes no trabalho do Grande Plano.

É bastante óbvio que estas três atividades são realmente complementares, e um trabalhador que deseje tornar-se útil e eficiente, no mais alto grau, deve equipar-se nas três linhas. Um Centro de Treinamento do tipo descrito deveria portanto combinar todas estes três tipos de atividades para preencher suas funções adequadamente, embora, onde isso não seja possível, apenas uma ou duas dessas atividades podem ser bem empreendidas inicialmente.

Tomemos, uma por uma, estas três atividades e vejamos o que é possível fazer com relação ao mencionado Centro. É bom lembrar que esse será um novo tipo de trabalho na Sociedade Teosófica e que deverão ser feitos vários experimentos e explorações, antes de estarmos aptos a desenvolver um sistema de treinamento de trabalhadores que dê resultados de alta qualificação.

### VI. 1 *O Ensino da Filosofia Esotérica*

A organização do trabalho de ensino num Centro de Treinamento da Sociedade Teosófica dependerá, naturalmente, das necessidades da Seção e das condições particulares que nela predominam, mas há alguns poucos princípios gerais e sugestões úteis que podem muito bem ser mantidos em mente ao ser organizado tal trabalho.

#### VI. 1. 1 Passo a passo

É um princípio reconhecido que, para dominar qualquer assunto de estudo, o estudante deveria passar por um curso gradual de instrução, passo a passo. Num curso de matemática ninguém jamais sonharia ensinar cálculo diferencial a um estudante até que ele tenha dominado completamente os ramos elementares da ciência, mas ao ensinar a Filosofia Oculta, frequentemente ignoramos este simples princípio e tentamos dominar os aspectos mais abstrusos e difíceis do assunto antes de termos adquirido um sólido conhecimento das verdades básicas desta filosofia, ou antes que a mente tenha sido treinada em alcançar concepções altamente filosóficas. Não ter em mente esta simples precaução, resulta, frequentemente, em desperdício de tempo, desencorajamento, e, algumas vezes, franca aversão pelo assunto, e é assim que cessa o progresso de muitos membros novos que entram para a Sociedade. Ele se encontra face a face com o todo da extensa literatura da Sociedade Teosófica, e como geralmente não há ninguém para guiá-lo em seus estudos, lê alguns livros, e para logo após fazer alguns esforços infrutíferos na tentativa de vencer suas dificuldades. Assim, se desejamos obter os melhores resultados no ensino da Filosofia Esotérica, deveríamos organizar os cursos de uma forma gradual, de modo que o estudante seja levado, fácil e naturalmente, do simples para o complexo, do conhecido para o desconhecido.

### VI. 1. 2 Clara compreensão dos fundamentos

O segundo fato importante a ser mantido em mente, ao estruturar nossos cursos e fazer os arranjos para o ensino da Filosofia Esotérica, é a necessidade de instilar nas mentes dos estudantes os princípios fundamentais e os fatos básicos, de modo que estes apareçam em alto relevo, e não sejam obscurecidos pelo conhecimento de detalhes e fatos menos essenciais. Esta ênfase nos fundamentos é necessária não somente porque, no tempo limitado de que o estudante dispõe, ele só pode ocupar-se com uma pequena porção do conhecimento e, portanto, deveria limitar-se ao mais essencial, mas também porque, na clara compreensão de qualquer assunto, os princípios fundamentais constituem, por assim dizer, a estrutura metálica do edifício de nosso conhecimento e devem, portanto, ser cuidadosamente compreendidos e fixados na mente. Os detalhes do assunto podem e devem ser preenchidos pelo próprio estudante com os resultados de seus estudos e observações pessoais. A instituição terá preenchido sua finalidade se cada estudante que a deixar, após ter concluído o curso, tenha adquirido uma clara compreensão de todos os princípios fundamentais da Filosofia Oculta, e esteja qualificado para classificar fatos e dados que venha a obter mais tarde, em seus devidos lugares.

### VI. 1. 3 Esforço individual

É um fato bem conhecido que, ao adquirirmos conhecimento sobre qualquer assunto, nosso progresso depende não tanto do que foi posto em nossa mente por nossos professores, como dos esforços que nós mesmos fazemos no processo de aprendizado. Somos, naturalmente, indolentes e desejamos nosso alimento mental pronto, cozido, posto em nossa boca preguiçosa, para apenas engoli-lo, mas esta não é a maneira de lançarmos uma fundação firme de nosso conhecimento e promovermos um rápido crescimento de nossa mente. Devemos tentar empreender o máximo possível no esforço da aquisição de conhecimento sobre qualquer assunto, se queremos que este conhecimento seja devidamente assimilado, e se constitua em uma parte permanente e essencial de nosso equipamento mental. Assim, enquanto que um mínimo de aulas formais e de instrução direta são necessários e inevitáveis num Centro onde a Filosofia Esotérica é ensinada sistematicamente, ainda assim, os cursos deveriam ser estruturados e o trabalho organizado de tal maneira que os estudantes realizem a maior parte do esforço ao adquirir conhecimento. O sistema de responsabilizar diferentes estudantes por partes definidas de trabalho, e de fazê-los pesquisar as informações e os conhecimentos necessários, e de deixá-los lutar com seus problemas mentais, se possível sem auxílio, deveria representar uma parte bem definida no esquema de seus treinamentos. Isto não somente aliviará e facilitará o trabalho dos professores, mas também aumentará o prazer e a atenção dos estudantes, desenvolvendo neles os hábitos positivos de questionamento e autoconfiança, que deveriam ser marcas características de todo verdadeiro estudante.

### VI. 1. 4 Estudo da psicologia humana

Como os estudantes que vêm ao Centro de Treinamento são em sua maioria trabalhadores da Sociedade Teosófica que desejam não meramente aprender Filosofia Oculta, mas também partilhar com os outros os conhecimentos que tenham adquirido, será necessário fazer com que os estudantes se familiarizem com a arte de apresentar a Filosofia Esotérica a pessoas de diferentes temperamentos e modos de ver a vida. Os estudantes deveriam ser induzidos a observar e estudar a psicologia dos diferentes tipos de pessoas e aprender a adaptar seus métodos de abordagem às diversas necessidades e aos pontos de vista dessas pessoas. Todos os palestrantes e propagandistas de sucesso têm de aprender essa arte às custas de amargas experiências e repetidos fracassos. Ainda que não seja possível eliminar por completo a necessidade da aquisição de experiência pessoal nessa linha, uma boa dose de ajuda e orientação podem ser dados aos nossos trabalhadores numa instituição onde um certo número de peritos estão constantemente estudando e experimentando métodos de ensino da Filosofia Esotérica e apresentando-a nas formas mais populares e interessantes para o público em geral. Esta é a vantagem de aprender tais coisas numa instituição ao invés de valer-se apenas de nossos próprios esforços pessoais. Pode-se obter o benefício do estudo e da experiência de algumas pessoas que se especializaram nesta linha, evitando assim muitas quedas e fracassos incidentes nos esforços pessoais sem ajuda.

### VI. 1. 5 Pesquisa

Hoje é fato bem reconhecido que a instrução de um estudante avançado, em qualquer assunto, não é completa enquanto não for coroada passando por um treino, pelo menos parcial, nos métodos de pesquisa. É por isto que todas as universidades e outras corporações acadêmicas proveem oportunidades regulares para pesquisas e dão seus títulos mais elevados àqueles que realizaram com sucesso alguma pesquisa em sua própria matéria e assim ajudaram a aumentar, até certo ponto, as fronteiras do conhecimento humano. O valor da pesquisa está no fato de que ela desenvolve um lado de nossa mente diferente daquele que foi desenvolvido aprendendo ou ensinando o assunto. Ela nos habilita a olhar para fatos e princípios de uma nova maneira, sob um novo ângulo de visão, no verdadeiro espírito de inquirição e anseio de aprender as coisas por nós mesmos. Esta é uma atitude e um hábito da mente muito superiores àqueles do estudante que meramente absorve conhecimento, ou mesmo ao do professor comum que reparte com outros o que ele próprio aprendeu, provavelmente de segunda mão. Pode-se logo ver quão diferente é esta atitude positiva da mente daquela atitude passiva usual do erudito comum, o qual se limita à mera absorção do que está escrito e aos poucos desenvolve um apetite pouco saudável por mais e mais leitura.

Assim pode-se ver, do que foi dito acima, quão necessário é o treinamento em pesquisa para o estudante avançado de Filosofia Oculta e por que se deveria providenciar este tipo de trabalho em nossos Centros de Treinamento. Além da possibilidade de desenvolver os sentidos mais sutis e de fazer investigações nos reinos invisíveis, há uma vasta quantidade de matéria-prima para o trabalho de pesquisa existente em nossa literatura sobre a qual um grande número de estudantes pode ser posto a trabalhar para descobrir novos aspectos da Filosofia Oculta que, até agora, encontram-se quase intocados. Os estudantes assim estariam aptos a dar valiosas contribuições originais à nossa literatura e, até certo ponto, contrabalançar a monotonia e a estagnação que algumas vezes começamos a sentir quando nossos líderes não estão aptos a manter-nos supridos com um fluxo ininterrupto de novas informações e de uma série de livros. Há, então, um grande campo de trabalho, em sua maior parte inexplorado, que tem a ver com a correlação da Filosofia Esotérica com as outras ciências e com a aplicação das verdades do Ocultismo aos problemas políticos, sociológicos e outros assuntos afins. Nossos estudantes avançados podem dar contribuições muito valiosas e originais nesta direção e assim ajudar a trazer as atividades e os pensamentos do mundo mais próximos da luz e da influência da Filosofia Esotérica.

### VI. 1. 6 Cursos de curta duração

Como a grande maioria dos estudantes que usufruirão dos Centros de Treinamento serão membros da Sociedade Teosófica que não podem permitir-se uma permanência longa sem interrupção em tais instituições, será necessário adaptar nossos métodos de ensino e treinamento à conveniência destes membros. Isto pode ser feito da maneira mais eficiente instituindo cursos de estudo e treinamento de curta duração, dados em intervalos frequentes. Concentrando seus esforços durante estes períodos curtos, o estudante pode aprender muito e digerir lentamente o que aprendeu ao voltar ao seu lugar de trabalho. Ele pode manter-se em contato com o Centro durante os intervalos entre suas visitas e assim obter toda a orientação e auxílio que possa necessitar para seu trabalho. Será, assim, possível, para qualquer membro, que seja realmente sério, tirar proveito integral do treinamento e da instrução, dados na instituição, fazendo um certo número de visitas de maior ou menor duração e, por etapas, completar todo seu curso. É claro que aqueles que decidirem dar todo o seu tempo ao trabalho da Sociedade Teosófica e puderem, portanto, permanecer no Centro de Treinamento por um tempo suficientemente longo, estarão aptos a tirar um proveito muito mais completo das muitas oportunidades oferecidas e a habilitar-se para seus trabalhos num tempo bem mais curto.

### VI. 1. 7 Museus e bibliotecas

Além dos demais equipamentos que um Centro de Treinamento deve ter, duas coisas são muito necessárias para seu trabalho eficiente: uma boa e atualizada biblioteca e um museu de Ocultismo. A necessidade de uma boa biblioteca é bastante evidente, mas talvez muitas pessoas não entendam completamente o valor de um museu no estudo de um assunto como a Filosofia Oculta. Representações diagramáticas, modelos, e coisas de natureza semelhante não apenas nos ajudam muito na compreensão de muitas coisas difíceis de visualizar, mas também na produção de impressões vívidas e permanentes em nossa mente. Podemos esquecer o que lemos em livros ou ouvimos em palestras, mas as imagens produzidas em nossa mente por essas representações visuais das coisas — sejam concretas ou abstratas — permanecem claras e definidas por muito mais tempo e assim servem para estabilizar e tornar realístico o conteúdo de nosso conhecimento. Além deste valor, as representações visuais das coisas são de grande auxílio para despertar o interesse do estudante para aqueles fatos que parecem frios e distantes enquanto os vemos através de imagens vagas e mal definidas em nossa mente, mas criam vida quando mostrados na forma de modelos e figuras. Assim, todo Centro de Treinamento deveria ter, pelo menos, um núcleo de um museu de Ocultismo a ser ampliado gradualmente pela compilação e preparação de todos os tipos de modelos — estáticos e dinâmicos — mapas, diagramas, figuras em argila e cera, pinturas e outros acessórios que servem para ilustrar e elucidar fatos e verdades do Ocultismo. Isto também poderá, eventualmente, dar um campo para expressão de qualquer talento artístico ou mecânico que qualquer estudante na instituição possa ter.

### VI. 2 *Treinamento de Trabalhadores*

Ao treinar trabalhadores para a Sociedade Teosófica, deveríamos em primeiro lugar torná-los completamente familiarizados com as metas e os objetivos da Sociedade, e com os princípios gerais que deveriam norteá-los em seu trabalho, qualquer que seja a natureza das atividades em que estejam engajados. A maior parte de nossos trabalhadores e, algumas vezes, mesmo aqueles que ocupam posições de muita responsabilidade na Sociedade, têm noções muito nebulosas, como sobre o que a Sociedade pretende, qual é a sua função especial no mundo, e como pode melhor preencher esta função. Esta ausência de ideias claras e propósitos definidos resulta, naturalmente, na falta de estabilidade, e na busca de todo tipo de objetivos irrelevantes. Deveríamos, assim, primeiramente lançar uma fundação segura para uma vida estável e com propósito, esclarecendo todas estas ideias e metas confusas, substituindo-as por sólidos conhecimentos sobre o amplo objetivo geral da Sociedade e os métodos práticos por meio dos quais este objetivo poderia ser realizado em diferentes esferas de trabalho. Somente sobre tais fundações é possível erigir uma superestrutura estável e forte de habilidade prática especializada em qualquer linha que o trabalhador possa decidir adquirir.

A segunda parte de nosso trabalho nesta direção será produzir peritos nos diferentes ramos do trabalho prático que deve ser feito. Teremos de treinar escritores, oradores, organizadores, jornalistas e especialistas em outras linhas, que possam realizar eficientemente suas tarefas. Uma parte essencial deste treinamento especializado em diferentes ramos será trabalho prático e exercício intensivo, sem os quais a instrução teórica não será de grande utilidade. Tomemos, por exemplo, o treinamento de falar em público. Depois que o trabalhador completou o estudo teórico dos assuntos sobre os quais deseja falar, ser-lhe-á dada a prática intensiva de falar em público daqueles assuntos, até que se torne realmente proficiente e esteja apto a dirigir-se a grandes audiências com aquela confiança e naturalidade que vêm do domínio consciente do assunto e da prática prolongada da arte de falar em público. Críticas construtivas de seus desempenhos no Centro de Treinamento, por aqueles que estudaram a arte de falar em público, eliminará em pouco tempo todos aqueles erros sérios de estilo, expressão e maneiras de apresentação que tornam tão ineficientes o orador destreinado e desfiguram a beleza da mensagem que ele, algumas vezes, tem para transmitir aos seus ouvintes.

Qualquer conferencista de mediana habilidade e com alguma aptidão para falar em público pode, passando por um tal curso intensivo de treinamento, aprender a falar sobre um número limitado de assuntos com habilidade tolerável, num tempo relativamente curto, e sair numa viagem de palestras animando e despertando o interesse das pessoas onde quer que ele vá. A prática intensiva dentro de um campo limitado de assuntos pode operar maravilhas nessa linha, e em pouco tempo podemos preparar um grupo de oradores muito hábeis, que podem ajudar imensamente a disseminar as ideias da Filosofia Esotérica em seu país. É bastante grande o número de pessoas que possui a aptidão necessária deste tipo, mas como a maior parte delas nunca teve a oportunidade para o exercício apropriado de sua habilidade natural, seu talento permanece escondido. Dependemos até agora dos serviços de uns poucos oradores de notáveis habilidades dentro de nossas fileiras e não temos explorado a possibilidade de utilizar pessoas de capacidades comuns dessa maneira. Se pudermos recrutar pessoas com algum talento para falar e treiná-las apropriadamente, teremos resolvido um dos problemas mais importantes e urgentes ligados ao nosso trabalho.

O mesmo princípio aplica-se ao treinamento de trabalhadores em outros ramos, como por exemplo, na organização do trabalho da Loja. Muitos presidentes eleitos pelas Lojas têm ideias muito nebulosas sobre a maneira de conduzir os trabalhos de uma Loja e fazem de qualquer maneira o trabalho que lhes é confiado. Mesmo onde eles são perspicazes para fazer seu trabalho eficientemente, eles têm de aprender quase tudo lentamente, por sua própria experiência e às custas da Loja. Não há uma razão pela qual não seja possível organizar cursos de curta duração em nossos Centros de Treinamento para ministrar instruções teóricas e práticas para dirigentes de Lojas sobre a arte de organizá-las. Futuros dirigentes das Lojas devem ser encorajados a ingressar nestes cursos intensivos de preparação para seu trabalho. Todo o conhecimento que foi ganho nas experiências de trabalho nas diversas Lojas, e experimentos tentados em vários lugares, estará à disposição dos estudantes, de modo que quando voltarem às suas respectivas Lojas estarão aptos a lidar com os muitos problemas ligados ao trabalho de suas Lojas com razoável sucesso, senão com brilho. O fator pessoal, sem dúvida, conta muito em tais coisas. Mas um treinamento desta espécie, mesmo que não seja completo, habilitará aqueles que não possuam capacidades pessoais excepcionais a adquirirem um padrão mínimo de eficiência, e permitirá, aos que têm esta capacidade, que se tornem trabalhadores ainda mais úteis.

## VI. 3 *Desenvolvimento Interno*

O terceiro tipo de atividade que deveria ser uma característica regular em nossos Centros de Treinamento, ainda que seja de certo modo o mais difícil, será o trabalho mais fascinante que qualquer instituição possa ser encarregada de empreender. Além da importância da construção do caráter de um trabalhador teosófico em seu trabalho no mundo externo, é impossível conceber-se algo de mais vital interesse e maior importância para um ser humano inteligente do que o empreendimento desta tarefa interessante de mudar a si mesmo completa e sistematicamente, com o objetivo de lançar as fundações de uma vida iluminada e perfeita. É, geralmente, tomado como verdadeiro que esta é uma tarefa que cada um de nós deve realizar individualmente, e muitos admirar-se-ão, talvez, de que auxílio poderia ser obtido de uma instituição nesta área. Tal atitude é realmente baseada em certas noções erradas sobre a natureza da autocultura, que muito pouca gente considera como uma ciência com suas próprias leis definidas e precisas, e com uma técnica ampla que pode ser desenvolvida e aperfeiçoada somente após muita experimentação. Eles pensam que tudo que um homem necessita para fazer progressos nessa linha é ter um certo número de regras de conduta e aplicar estas regras da melhor maneira possível em sua vida, construindo lenta e um tanto vagamente as diferentes qualidades que deseja.

Se examinarmos o assunto cuidadosamente, veremos que se o desenvolvimento de certas características de caráter, e a eliminação de outras, for feito de acordo com as leis definidas e imutáveis da Natureza — e o Ocultismo tem mostrado que isso ocorre — então seria possível desenvolver uma ciência sistematizada da construção do caráter, que é tão precisa e confiável quanto qualquer outra ciência que é baseada nas leis naturais. E se esta ciência for desenvolvida, ela terá não somente um corpo definido de conhecimento teórico compreendendo leis, fatos e resultados de experiência empírica, mas também uma técnica baseada na aplicação prática destas leis para a solução dos verdadeiros problemas os quais devemos enfrentar em nossa vida diária. Toda ciência tem não somente seu lado teórico com suas leis e fatos, mas também uma técnica que consiste na totalidade daqueles métodos pelos quais estas leis podem ser aplicadas para a solução dos problemas reais com os quais essa ciência se ocupa. Sem o desenvolvimento desta técnica, tais leis permanecerão mais ou menos como coisas de interesse acadêmico, e não será possível utilizá-las para qualquer finalidade prática. Se a descoberta das leis simples da ação elétrica por Faraday não tivesse sido seguida pelo rápido desenvolvimento daquela vasta e elaborada técnica que tornou possível as várias aplicações destas leis, todos os enormes desenvolvimentos da ciência, que resultaram em tantas invenções, não teriam sido realizados.

Analogamente, o mero conhecimento das leis sobre as quais a ciência da autocultura pode estar baseada não é suficiente. Este conhecimento deve não apenas ser sistematizado, mas uma técnica elaborada e precisa deve ser desenvolvida para a aplicação prática deste conhecimento inestimável aos problemas da vida atual. Somente então será possível utilizar estas leis para o desenvolvimento científico de nosso caráter e pôr a ciência da construção do caráter sobre bases sólidas. É verdade que se um indivíduo tenta aplicar essas leis à sua própria vida, de acordo com seu melhor julgamento, ele obterá alguns resultados, mas isto não significa que melhores resultados não possam ser obtidos seguindo uma técnica definida, que foi desenvolvida e aperfeiçoada através de experimentos e levando em consideração as várias necessidades das diferentes pessoas.

Os indivíduos diferem grandemente em seus temperamentos e naturalmente requerem tratamento individual na solução dos problemas ligados à sua vida interna. É aqui que se evidencia o valor de um corpo de peritos que tenha estudado e experimentado toda espécie de métodos e todos os tipos de pessoas. Eles podem ajudar não somente diagnosticando as várias espécies de doenças mentais e emocionais de que sofre a maioria dos homens, mas também sugerindo os meios mais eficazes de verem-se livres delas. De um modo construtivo eles podem ajudar indivíduos de diferentes temperamentos a adquirir as qualidades e faculdades que mais necessitam e reconstruir todo o caráter sistematicamente de maneira científica. No aprendizado de qualquer ciência o elemento pessoal que é suprido pelo professor conta muito. Ninguém pode aprender química, por exemplo, se você lhe der uma pilha de livros sobre o assunto e deixá-lo num laboratório para fazer os experimentos que bem desejar. O professor deve estar presente, guiando, corrigindo e inspirando. Similarmente, o indivíduo médio não pode mudar muito a si mesmo sem ser pessoalmente orientado, ainda que possa ter o conhecimento teórico necessário para tal tarefa.

Pode ser que haja, aqui e ali, uns poucos indivíduos dotados de tal aptidão especial nessa linha, aptos a fazer isso, mas devemos pensar na média das pessoas que aspiram a uma vida mais nobre, mais pura e mais livre, mas que verificam que a tarefa de dominar sua natureza inferior está acima de sua capacidade.

Nos tempos antigos na Índia, as pessoas que desejavam dedicar-se a esse tipo de trabalho costumavam ir viver com seus gurus que as instruíam, guiavam e as supriam daquela inspiração pessoal que é tão necessária. Ainda que as condições externas tenham mudado muito desde então, a natureza humana não mudou, e a necessidade de orientação e supervisão pessoal é tão grande hoje quanto sempre foi. Não podemos, hoje em dia, abandonar tudo e ir viver com nossos gurus em *ashramas* por anos a fio, mas o mesmo propósito pode ser cumprido, em alguma medida, por uma instituição na qual algumas pessoas que tenham se especializado nessa linha estejam disponíveis para dar auxílio e orientar aqueles que estão preparados para isso. Podemos ir viver em tais instituições de tempos em tempos, como nossas circunstâncias o permitam, aproveitar o conhecimento e a experiência dessas pessoas e então voltar para nossas casas e continuar o trabalho de nossa reconstrução no meio em que estamos colocados. Dessa maneira, estamos fadados a progredir em nossa vida interna muito mais rapidamente do que quando estamos apenas entregues aos nossos próprios esforços, sem qualquer ajuda.

Mas ajudar pessoas na difícil tarefa de mudar seu caráter e desenvolver novos poderes e faculdades não é o único trabalho importante nessa linha, que pode ser feito numa tal instituição. Ela também pode fornecer um campo interessante para pesquisas em psicologia, em relação às necessidades humanas e assim promover, até certo ponto, o terceiro objetivo da Sociedade Teosófica que tem permanecido bastante relegado para segundo plano, pelo menos no que concerne à grande maioria de seus membros. Aqueles que estão em contato com o desenvolvimento da psicologia moderna sabem quão inúteis são a maioria das pesquisas neste campo; primeiro porque ainda são tendenciosas devido à admissão implícita de que o mundo físico é o único mundo real, e segundo porque a psicologia está em grande medida divorciada das necessidades e dos problemas da vida real, e seu estudo é feito num espírito puramente acadêmico.

O conhecimento que temos obtido através de fontes ocultas, combinado com nossas constantes metas supremamente altruístas, nos habilitará dirigir pesquisas psicológicas nos canais mais interessantes e úteis, e ajudar o mundo, enormemente, na difícil e urgente tarefa de compreender o homem e ajudá-lo a viver uma vida mais útil e rica. Isso, por si mesmo, é um campo de trabalho merecedor de atenção e de um esforço especial por parte de nossos membros, e gostaríamos de ver estabelecida, em algum lugar, uma instituição com o propósito de sistematicamente empreender tais pesquisas. Mas talvez, neste momento, o tipo de atividade indicado acima venha ao encontro de nossas necessidades atuais, e possa abrir caminho para o esforço maior e mais intenso que poderia ser feito, mais tarde, nas linhas sugeridas acima.

Penso ter dado uma ênfase razoavelmente forte no parágrafo precedente acerca da inclusão deste terceiro tipo de atividade no trabalho dos nossos Centros de Treinamento, e não há muito espaço para dúvidas de que isto aumentará, enormemente, a utilidade e potência de tais instituições e infundirá nova vida e vitalidade em nossas Seções. Se estamos ou não aptos a organizar tais instituições e reunir um corpo de trabalhadores capazes e devotados, que é necessário para esta tarefa, depende da nossa vontade e da maneira com que enfrentarmos este desafio à nossa capacidade de organização e ao nosso espírito progressista. Penso que a necessidade de termos Centros da natureza sugerida acima é tão urgente e tão fértil de enormes possibilidades, que cada Seção importante da Sociedade Teosófica deveria começar, imediatamente, a tomar as medidas necessárias para seu estabelecimento na primeira oportunidade, e não deixar de fazer todos os esforços possíveis para torná-los um sucesso.

# CAPÍTULO VII

## TRABALHO DE UMA LOJA

Na organização graduada da Sociedade Teosófica a Loja é talvez a unidade mais importante. A Sede Internacional em Adyar estabelece as regras gerais de ação e coordena o trabalho das diferentes Seções. O planejamento geral e a organização do trabalho numa Seção Nacional são feitos na sede central da Seção, mas o verdadeiro trabalho da Sociedade — a disseminação das ideias da Filosofia Esotérica e a difusão do mais alto tipo de influências no mundo — é feito principalmente através das Lojas. Do eficiente trabalho das Lojas em qualquer Seção, portanto, dependem a vitalidade da Seção e a influência da Sociedade no país.

O método usual de tratar do importante problema de fazer de uma Loja um centro vital e progressista de influências espirituais é sugerir categoricamente uma lista de atividades que podem ser exercidas pela Loja, e desta maneira, provê-la com um programa de trabalho. Este método, se for seguido, pode aumentar temporariamente a atividade da Loja e dar-lhe uma sensação de estar viva, mas é essencialmente um método tedioso que conduz aos poucos à rotina e à ineficiência. O tipo de trabalho que estamos fazendo no mundo requer uma atitude alerta, inteligente e de constante adaptação dos meios aos fins, e qualquer método que tenda a tornar o uso destas qualidades desnecessário está fadado a tornar-se ineficiente a longo prazo.

O método apropriado de fazer de uma Loja um centro forte e que preencha adequadamente os propósitos da Sociedade Teosófica é compreender integralmente os princípios gerais do funcionamento vital e saudável de uma Loja, e então aplicar com inteligência e determinação estes princípios às condições particulares que a Loja deve trabalhar. Esses princípios podem ser derivados da consideração dos objetivos gerais da Sociedade Teosófica, das condições prevalecentes no mundo atualmente e dos resultados das experiências de trabalho em diversas Lojas. Nas páginas seguintes, realizou-se uma tentativa de formular alguns destes princípios sobre os quais uma Loja deveria basear-se. Não há nada de autoritário ou final neles e, por conseguinte, eles deveriam ser tomados meramente como uma contribuição ao estudo do importante problema que praticamente toda loja enfrenta — como tornar-se um instrumento eficiente para promover os principais objetivos da Sociedade Teosófica.

### VII. 1 *Requisitos Básicos*

O sucesso do trabalho de uma Loja depende, em grande parte, do preenchimento de certas condições primordiais com relação aos pontos de vista e às mentalidades dos membros que a compõem. Uma Loja é o que os seus membros são em sua totalidade, e reflete em seu trabalho o caráter e a vida interior dos seus membros. Segue-se que, se desejamos fazer de uma Loja um centro dinâmico de atividades teosóficas, deveríamos saber quais são essas condições primordiais e fazer com que elas sejam preenchidas da melhor maneira possível. Somente sobre fundações fortes e verdadeiras assim lançadas pode ser erguida uma superestrutura de atividades estáveis e úteis. A seguir estão alguns dos requisitos básicos importantes.

### VII. 1. 1 Interesse genuíno

Seria instrutivo para os membros de uma Loja, que desejem torná-la um centro ativo de vida e pensamento superiores, perguntarem a si próprios, com toda franqueza, se estão interessados nessas coisas. Será que seus pensamentos sempre se voltam naturalmente para os problemas mais profundos da vida, em relação a si próprios ou ao mundo exterior, ou será que estão tão completamente absorvidos em seus próprios negócios mundanos de modo que não têm tempo para pensar nessas coisas, exceto talvez quando vêm às reuniões da Loja e forçosamente têm de pensar por um momento sobre estas questões importantes? Talvez não haja muitos membros que possam responder essas perguntas satisfatoriamente para si mesmos, e aí está uma das razões porque as reuniões de uma Loja são um eterno problema para seus dirigentes e eles acham tão difícil torná-las úteis e interessantes.

Esse problema não pode ser resolvido satisfatoriamente por qualquer meio artificial, tais como organizando reuniões sociais ou palestras interessantes sobre todo tipo de assuntos que não pertencem à nossa área de estudos. Ele só pode ser resolvido pela compreensão, por parte de nossos membros, da urgente necessidade de adquirir este conhecimento ao qual, entre outras, dá-se a denominação de Filosofia Esotérica, e de usá-lo para solução dos problemas que enfrentam, em toda parte, em sua vida pública e privada. Aí então, em vez de se preocupar em como passar aquela hora, que em geral é semanalmente dedicada às reuniões da Loja, eles desejarão dedicar mais tempo a este trabalho — muito há para aprender e tão pouco o tempo para isso. O genuíno e saudável interesse nos problemas fundamentais da vida e um certo grau de liberdade da absorção em seus negócios pessoais são qualidades necessárias para um trabalho bem-sucedido da Loja, pelo menos quanto à maioria dos membros, e nenhum tipo de auxílio artificial para despertar interesse pode transformar um grupo de pessoas, que não estão realmente interessadas nestas coisas, num centro teosófico dinâmico e forte.

### VII. 1. 2 Compaixão

A maioria de nós está tão absorvida em nossas próprias preocupações e dificuldades, que dificilmente percebemos o enorme sofrimento que existe no mundo, não somente em tempos anormais, como o atual, mas também quando tudo externamente está aparentemente bem. Até mesmo as horríveis calamidades em diversas partes do mundo que, infelizmente, sucedem de tempos em tempos, deixam de afetar nossos sentimentos e de evocar de nossa parte uma resposta realmente compassiva. Em recentes crises de escassez de alimentos reportou-se que milhões de pessoas morreram de inanição, mas para a grande maioria das pessoas no mundo, isso não passou de um episódio lamentável para o qual deram um pensamento passageiro. Alguns deram um pouco de dinheiro e talvez emitiram um pensamento de carinho para as pobres vítimas da calamidade — eis tudo. Mas, se por acaso falta-nos uma refeição, como ficamos aborrecidos! Mas a morte de milhões de homens, mulheres e crianças, lentamente, em estado de terrível sofrimento, por meses a fio, pouco significa para nós. Consideremos a guerra. Milhões de pessoas ficam feridas e morrem em horrível agonia, milhões de lares são destruídos e mulheres, crianças e velhos são deixados sem qualquer apoio físico ou emocional. Mas todo este sofrimento praticamente não afeta aqueles que não passaram por tal provação, e endurece aqueles que passaram. Mesmo em tempos normais o sofrimento que prevalece em toda parte é enorme, se nos dermos ao trabalho de investigar. Mas geralmente ele não desperta nossa compaixão. Se despertasse, não ficaríamos totalmente indiferentes, mas desejaríamos mudar as condições que tornam possível este sofrimento desnecessário.

E é somente quando penetramos nas causas do caos e sofrimento que existe no mundo e realmente desejamos mudar estas condições, então, somente, compreendemos o valor da Filosofia Esotérica, e a necessidade de aplicar as suas verdades à solução de nossos problemas sociais e econômicos. Vemos, deste modo, que quando a compaixão humana estiver adequadamente desenvolvida, nossa vida automaticamente se ajustará ao trabalho que deve ser feito para criar melhores condições no mundo. Não nos contentaríamos, então, em estudar as doutrinas do Ocultismo num puro espírito acadêmico, mas estaríamos ansiosos por descobrir onde e como elas podem ser aplicadas na ajuda de nossos semelhantes. Sem esta compaixão verdadeira, a fraternidade possivelmente degenera em mero dogma intelectual, o qual não é capaz de inspirar e de tocar nossos corações e, deste modo, todas as nossas atividades externas tendem a tornar-se estéreis e ineficientes.

### VII. 1. 3 Sacrifício

Tanto a aquisição do conhecimento quanto a sua prática para auxílio dos outros requerem sacrifícios de vários tipos: de tempo, de dinheiro, de conforto e de prazeres, e é bom que nossos membros compreendam este fato óbvio. A menos que eles estejam preparados para fazer estes sacrifícios voluntária e alegremente, nenhuma loja pode funcionar eficientemente. É tão comum encontrar pessoas que habitualmente desperdiçam uma boa parte de seu tempo em atividades e divertimentos inúteis de vários tipos e queixam-se de falta de tempo ao tratar-se de estudar a Filosofia Esotérica, assistir uma reunião da Sociedade Teosófica ou realizar trabalho teosófico. O fato é que sempre arranjamos tempo para atividades que julgamos essenciais ou que nos interessam, e a alegação de "falta de tempo" significa, na maior parte dos casos, ausência de verdadeiro interesse, ainda que a pessoa em causa geralmente possa repudiar fortemente esta acusação. Quando a Sociedade Teosófica ocupa um lugar importante em nossa vida, não somente cortamos nossas diversões, mas até mesmo nosso conforto, para encontrar tempo para o estudo destes assuntos.

Se compreendêssemos a enorme importância do movimento teosófico no mundo, de boa vontade sacrificaríamos tudo que nos fosse possível, contanto que o trabalho da Sociedade não sofresse. Deve haver uns poucos casos, aqui e ali, em que uma pessoa não possa dar tempo ou dinheiro, mas talvez seja extremamente difícil encontrar um membro que não possa dar nada — dinheiro, tempo ou alguma habilidade especial que possua. Ainda assim, há muitos membros satisfeitos em permanecer na Sociedade e tirar proveito de todo conhecimento e inspiração que ela dá, sem dar praticamente nada em troca. Mesmo a desprezível quantia que deve ser dada à Loja como contribuição é, às vezes, paga de má vontade, e no caso de muitos membros é considerada recompensa suficiente por todas as vantagens de que desfrutaram! Se se deseja que uma Loja cresça e prospere, toda essa atitude mesquinha deve ser completamente mudada e trocada por uma oferta alegre de tudo que cada membro puder dar no serviço da Grande Causa que temos o privilégio de servir.

Os três requisitos básicos — interesse, compaixão e sacrifício — fornecem o tipo correto de fundação para o trabalho de qualquer Loja, e do grau em que os membros da Loja possuem estas qualidades, dependerá sua potencialidade para tornar-se um centro forte de influências teosóficas. Onde estas qualificações não estiverem presentes em grau adequado, poderá haver períodos temporários de galvanização vital devido a algum estímulo externo, mas a Loja está fadada a tornar-se inativa ou a permanecer superficialmente viva. Algumas vezes vemos Lojas mantidas vivas desta maneira por meio de encontros sociais, divertimentos e atrações similares, mas tal atividade não indica o valor real da Loja. As Lojas da Sociedade Teosófica nunca tiveram a intenção de servir de clubes para recreação de seus membros, e grandes frequências em nossas reuniões, que desta maneira são conseguidas, não valem a pena. Este trabalho no qual estamos engajados é algo muito sério e difícil, e as pessoas dispostas a acabar com a ignorância e o sofrimento, a combater a injustiça e a crueldade no mundo, não deveriam ter tempo para tais amenidades da vida. Isto não quer dizer, é claro, que deveríamos nos considerar acima dessas coisas, ou que haja qualquer mal em ter-se uma função social de vez em quando, mas é necessário compreender-se que uma Loja mantida desta maneira, em demasia, tende a perder sua vitalidade e utilidade e a desviar-se por caminhos que divergem cada vez mais de nossa principal finalidade.

Do que foi dito acima, deduz-se, também, que se desejamos vitalizar qualquer Loja deveríamos esforçar-nos para fortalecer esses elementos no caráter de seus membros, de todas as maneiras possíveis. Se isso for feito, a maior parte dos problemas que geralmente uma Loja tem de enfrentar, e que algumas vezes desconcertam seus dirigentes, serão resolvidos automaticamente sem a adoção de quaisquer medidas diretas para sua solução e será fácil ajustar as atividades da Loja às variadas circunstâncias nas quais está trabalhando. Como promover na Loja o espírito adequado, compete, é claro, aos membros decidir, mas não há dúvida de que isso deve ser feito. Como em todas as coisas que são essenciais e de verdadeiro valor, não há uma estrada fácil para o objetivo que se pretende atingir. Tais mudanças no caráter e pontos de vista dos membros, como um todo, somente podem ser realizadas através de muito estudo, reflexão, verdadeiro contato com os problemas da vida, sacrifícios pelos ideais e o exemplo inspirador daqueles que são mais experientes e, portanto, têm maior compreensão dos problemas mais profundos da vida.

Após termos examinado os requisitos básicos para o trabalho bem-sucedido de uma Loja, o próximo problema que devemos considerar é a organização de seu trabalho em uma base eficiente. Os princípios gerais, por meio dos quais devemos assegurar tal eficiência, já foram tratados no capítulo III. Mas vale a pena indicar, sucintamente, neste capítulo, como estes princípios gerais podem ser aplicados ao trabalho especial que as Lojas devem realizar.

Uma Loja da Sociedade Teosófica é um centro numa determinada localidade para propagar ideias da Filosofia Esotérica e para difundir o mais alto tipo de influências, e todo seu trabalho deveria ser organizado a partir deste ponto de vista. Como essas ideias e influências só podem ser propagadas pela ação dos membros componentes da Loja, o trabalho a ser feito é naturalmente de caráter dual. Primeiramente, os membros da Loja deveriam concentrar em si mesmos este conhecimento e influência e, em segundo lugar, eles deveriam tentar disseminá-los na localidade em que estão situados. Em muitas Lojas parece prevalecer a ideia de que a função de uma

Loja é meramente a de dar a seus membros a oportunidade de obter conhecimentos atinentes a assuntos espirituais, e o segundo aspecto do trabalho é completamente esquecido. Tais Lojas trabalham, para todos os fins práticos, isoladas e aos poucos são cortadas da vida das populações entre as quais se situam. E como todas as influências espirituais fluem a partir dos planos superiores somente quando são passadas para outros, essa estagnação da vida inevitavelmente conduz à diminuição gradual no fluxo dessas influências, que eventualmente acabam sendo totalmente cortadas. Esta política isolacionista é responsável pela inatividade parcial de muitas Lojas e a maneira mais rápida de restaurá-las para um funcionamento normal é quebrando as barreiras mentais que as separam das pessoas que vivem a seu redor.

Consideremos agora, separadamente, estes dois tipos de trabalho que devem ser empreendidos por cada Loja, isto é, o acúmulo de conhecimento, sabedoria e força pelos membros, e a sua máxima disseminação para benefício dos demais. Em outras palavras, consideremos o que uma Loja deve fazer para os seus membros e também o que deve fazer para o mundo exterior.

## VII. 2 *Organização do Trabalho para os Membros*

O trabalho de uma Loja, no que concerne aos membros, é triplo: a) ajudá-los a adquirir o conhecimento dos princípios fundamentais da Filosofia Esotérica, tomando a palavra em seu mais amplo sentido; b) adaptá-los, tanto quanto possível, a qualquer tipo de serviço para o qual tenham aptidão ou inclinação especial; c) ajudá-los a desenvolver um caráter forte e nobre e a adquirir um ponto de vista espiritual. Consideremos estas três funções uma a uma.

### VII. 2. 1 Estímulo ao conhecimento

Em muitas Lojas os membros são deixados quase que inteiramente entregues a si mesmos no que tange à aquisição de conhecimento e, como resultado desta maneira de agir, eles deixam de adquirir uma real compreensão dos princípios fundamentais da Filosofia Esotérica ou de entender a importância do movimento teosófico no mundo. Tais membros podem continuar ligados às suas Lojas, aparecer nas ocasiões especiais, mas tiram muito pouco proveito de sua filiação à Sociedade e dificilmente pode-se esperar sua ajuda em propagar seus objetivos. Em vista da necessidade de adquirir conhecimento e da dificuldade de fazê-lo satisfatoriamente sem qualquer auxílio externo, a instrução dos membros nos princípios fundamentais da Filosofia Oculta deveria ser considerada como uma das funções primordiais de uma Loja da Sociedade Teosófica.

Toda Loja deveria não somente tomar providências satisfatórias para a promoção do conhecimento entre seus membros, mas também deveria fazer todo o possível para despertar neles um interesse genuíno na Filosofia Oculta, de modo que se tornem de todo o coração ansiosos para cooperar no trabalho empreendido na Loja com esta finalidade. Esse interesse pode ser criado aos poucos explicando-lhes, de tempos em tempos, o valor deste conhecimento e fazendo-os entender como isto os ajudará a viver sua vida com maior compreensão, alegria e utilidade. É verdade que a resposta de cada membro à Filosofia Esotérica depende, em grande parte, de seus esforços para adquirir este conhecimento em suas vidas anteriores, de seu estágio de evolução e de seu temperamento, mas muito pode ser feito para ajudá-lo, mantendo-se na Loja uma atmosfera de estudo sério e procura intensa das verdades da vida superior, de modo que qualquer pessoa, ingressando no grupo, naturalmente seja influenciada pela atitude e espírito de investigação predominantes.

Deveria haver três meios à disposição de todos os membros de uma Loja para a aquisição de conhecimento: a) debates e palestras nas reuniões na Loja; b) livros; c) conversas com outros membros. Cada um destes meios tem seu próprio valor específico e a combinação de todos os três é necessária para assegurar seu progresso constante na importante tarefa de equiparem-se com o conhecimento para o serviço dos seus semelhantes.

### VII. 2. 1. a) Debates e palestras

Estes deveriam ser organizados, tanto quanto possível, com o objetivo definido de imprimir claramente nas mentes dos membros as verdades fundamentais da Filosofia Esotérica, ou para elucidar aqueles aspectos particulares do assunto que eles achem difíceis de entender pelos seus próprios esforços sem ajuda. Os debates e as palestras deveriam ser devidamente planejados de modo que todo o campo de conhecimento seja sistematicamente coberto num período limitado de tempo, sendo o assunto tratado de um ponto de vista cada vez mais elevado em cada turno sucessivo de estudo. Como os membros têm de adquirir conhecimento principalmente com o objetivo de ajudar aos outros, a necessidade de se ter ideias bem definidas e de desenvolver a capacidade de pensar e de expressar suas ideias com clareza deveria ser mantida em mente todo o tempo. Ainda que seja inevitável que os mais avançados em conhecimento tomem a iniciativa nos debates, mesmo assim, todos os membros deveriam ser encorajados a estudar o assunto cuidadosamente e a contribuir com o resultado de suas reflexões e pensamentos para o debate geral. Uma reunião de Loja deveria ser um esforço cooperativo e todo o trabalho não deveria ser jogado sobre umas poucas pessoas que possam eventualmente ter capacidades excepcionais ou que tenham tendência a monopolizar os debates.

A qualidade indolente ou tamásica em nossa natureza tende a fazer-nos tomar a linha de menor resistência, e a tarefa de fazermos palestras ou conduzirmos debates é geralmente deixada ao encargo de dois ou três membros; os outros meramente ouvindo passivamente o que se diz. O resultado natural disto é que praticamente nada do que se discute é gravado na mente da maioria dos membros e a vantagem de tomar parte na reunião é quase que completamente perdida. Os melhores resultados são obtidos quando o tema de qualquer reunião é notificado previamente, e todos os membros estudam, pensam sobre ele em casa e vêm preparados para contribuir com seus pensamentos ou resolver suas dificuldades, o debate sendo iniciado por uma pessoa e mantido dentro dos limites apropriados, em vez de tornar-se desconexo ou irrelevante. O assunto de cada reunião também deveria ter um lugar bem definido no esquema global de estudo, de modo que dia a dia, o edifício do conhecimento torne-se mais completo e as diferentes partes desse edifício possam ser vistas em suas verdadeiras correlações e na sua correta perspectiva.

É claro que compete aos membros decidir a maneira pela qual o trabalho a ser feito nas reuniões da Loja deve ser planejado e conduzido, mas vale a pena adverti-los contra a prática nociva da leitura de um livro em tais reuniões. É uma prática tão destrutiva de todo espírito de investigação e interesse saudável no assunto, e envolve uma entrega tão completa ao elemento tamásico em nossa natureza, que sob nenhuma circunstância deveria se fazer uso disso em nossas reuniões. É muito melhor os membros dispersarem-se sossegadamente sem nada fazer, quando não for possível providenciar-se um programa conveniente de trabalho, do que permitirem-se afundar neste nível de passividade e preguiça. Pois, uma vez adotado este expediente, a tentação de continuá-lo com o objetivo de evitar todo esforço torna-se irresistível e está dado o primeiro passo no caminho que leva à sonolência. É realmente espantoso que, com as perspectivas fascinantes de conhecimento que a

Filosofia Esotérica abre diante de nossos olhos e os problemas vitais da vida que temos de compreender e resolver, nos permitamos ficar tão adormecidos intelectualmente, tão falidos no espírito de busca, de modo que fiquemos contentes em continuar mês após mês, ano após ano, lendo livros nas reuniões da Loja, por melhores e mais úteis que estes livros possam ser. Entretanto, é isso que está realmente acontecendo em muitas Lojas da Sociedade Teosófica.

Como os membros não podem reunir-se muito frequentemente ou por longos períodos, nas reuniões regulares da Loja não é possível fazer mais do que tratar das ideias fundamentais sobre qualquer tema tomado para estudo, e portanto, se desejarem fazer progressos rápidos na aquisição de conhecimento, eles devem suplementar esse simples delineamento com o estudo detalhado do assunto em casa, e a reflexão profunda sobre o que é estudado, de modo que essas ideias sejam convenientemente coordenadas e fixadas na mente. Pois, como já foi dito anteriormente, um membro tem de adquirir conhecimento não só para seu próprio esclarecimento, mas também com a finalidade de ajudar outros a conhecer estas verdades vitais da Filosofia Esotérica. Assim, muitos membros, apesar de terem feito um estudo bastante razoável de Filosofia Oculta, são incapazes de recordar suas ideias quando são chamados a comunicá-las a outras pessoas. Eles meramente leram muitos livros, mas não tentaram classificar, arranjar e fixar as ideias na mente, de maneira que possam, por assim dizer, lançar mão delas quando são necessárias.

VII. 2. 1. b) Livros

Para fazer os estudos particulares os livros são, é claro, essenciais. Estes podem ser emprestados da biblioteca da Loja, porém, é recomendável que cada membro tenha sua própria biblioteca para esta finalidade. Não é fácil estudar um assunto completamente sem ler muitas e muitas vezes alguns dos livros mais importantes sobre aquele assunto, e para um membro de uma Loja seria extremamente difícil cooperar de maneira apropriada nos debates que têm lugar nas reuniões da Loja, a menos que tenha à sua disposição a literatura básica da Sociedade Teosófica. A biblioteca de uma Loja é destinada a ser usada principalmente para referência e para estudo mais amplo de qualquer assunto, e nenhum membro deveria depender inteiramente da biblioteca para os livros que ele tem de usar em seus estudos. Os livros que constituem a literatura básica da Sociedade Teosófica não são tão numerosos, nem tão caros, que um membro não possa comprá-los aos poucos e, em poucos anos, ter praticamente todos aqueles que são importantes.

Não é muito necessário enfatizar a necessidade de haver uma boa biblioteca em cada Loja. A biblioteca deveria possuir não apenas praticamente tudo da literatura da Sociedade Teosófica, mas também os livros fundamentais de todos os assuntos que um membro possa vir a necessitar. Apesar da enorme produção de livros atualmente, o número de livros realmente de primeira classe tratando dos problemas cruciais da vida ainda permanece pequeno, e, se a seleção for apropriadamente feita, é possível ter esta quintessência do conhecimento a um custo não muito elevado. A biblioteca da Loja deveria ser formada sistematicamente e não ao acaso como em geral é feito. Após todos os livros disponíveis da literatura da Sociedade Teosófica terem sido comprados, deveria ser preparada uma lista de outros livros a serem adquiridos, tomando o cuidado de que todos os assuntos que se decidiu ter na biblioteca estejam apropriadamente representados, e seja dada preferência para aqueles livros que dão clara e concisamente as ideias fundamentais de cada um desses assuntos. A partir desta lista os livros deveriam ser comprados sistematicamente à medida que os fundos o permitam. Desta maneira, num tempo razoável, os membros de uma Loja poderão ter à sua disposição uma biblioteca satisfatoriamente boa e representativa, e ao núcleo assim formado podem ser acrescentados, de tempos em tempos, novos livros.

Mas não é suficiente haver uma boa biblioteca em cada Loja. A biblioteca deveria ser usada constantemente pelos membros. Os registros de saída de livros de muitas bibliotecas são um triste comentário sobre o interesse dos membros em assuntos relacionados com o lado mais elevado da vida e seu desejo de conhecer as verdades vitais da Filosofia Esotérica. Muitos membros nunca tiram livros da biblioteca da Loja e ficam bastante satisfeitos com quaisquer migalhas de conhecimento que possam obter aqui e ali em conversas e palestras. Livros acima de qualquer preço de nossa literatura, que deveriam estar sendo constantemente requisitados, ficam cobertos de poeira, mês após mês, nas prateleiras da biblioteca, enquanto que os membros dificilmente compreendem a esplêndida oportunidade que estão perdendo de adquirir conhecimentos dos mais úteis. Alguns deles talvez tenham a impressão de ter muito tempo e de que eles podem aprender as verdades da Filosofia Esotérica em outra vida se não for nesta. Mas isso não é tão fácil quanto imaginam. Desperdiçar oportunidades como esta provavelmente criará barreiras em vidas subsequentes e tais oportunidades terão, em muitos casos, de ser conquistadas novamente antes de aparecerem em nosso caminho. As pessoas, nos tempos primitivos, arriscavam suas vidas, faziam longas e perigosas viagens e renunciavam a qualquer conforto para obter esse conhecimento precioso que agora podemos ter tão facilmente. Jogar fora uma tal oportunidade é um erro. Ela pode não vir na próxima vida e nós poderemos ter de vaguear por muito tempo na procura da Luz que nesta vida foi posta ao nosso alcance por nossos Irmãos Mais Velhos.

Para facilitar o uso dos livros, a pessoa designada como bibliotecária deveria ser alguém que realmente tenha interesse em livros, que pelo menos conheça de maneira geral o conteúdo da maioria deles, e possa aconselhar aos membros na seleção de livros para seus estudos particulares. O bibliotecário tem uma oportunidade especial de despertar o interesse das pessoas acerca de diferentes aspectos de um assunto, e deveria utilizar sua posição da melhor maneira possível, em vez de meramente agir como escriturário que faz registros de saída.

Antes de passarmos a outro assunto, é conveniente dizer algumas palavras, como advertência aos membros, contra o mau uso dos livros e a adoção de uma atitude errada em relação ao conhecimento que pode ser adquirido através dos livros.

No desenvolvimento de nossa vida intelectual, e na vida muito mais ampla da alma para a qual este conhecimento conduz, os livros representam uma parte mínima, e deveríamos evitar desenvolver o apetite pouco saudável pela matéria impressa que é característico do bibliomaníaco.

A meta de nossa procura por conhecimento é aquela Realidade que pode produzir somente imagens ilusórias no intelecto, e este conhecimento transcendente da Realidade pode vir somente através da Autorrealização. O conhecimento que podemos adquirir pelos livros ou por outras fontes externas deve, então, ser tomado pelo seu justo valor e não deveríamos ficar tão absorvidos neste conhecimento secundário a ponto de esquecer o conhecimento primordial que é o verdadeiro objeto de nossa procura. Este último somente pode ser adquirido pela aspiração, meditação e pelo viver da vida espiritual. Na medida em que os livros nos ajudam a despertar nosso interesse e a saber como este conhecimento pode ser adquirido, eles são úteis e necessários. Mas aquele que para neste estágio, sem fazer um esforço para avançar nos reinos do verdadeiro conhecimento, é como o homem que apenas consulta um mapa do país que ele deseja visitar, mas não empreende a viagem. Usemos assim os livros como uma escada. O valor de uma escada está em ajudar-nos a galgar um nível mais elevado. Não deveríamos ficar tão interessados numa escada a ponto de esquecer o propósito para o qual ela existe.

### VII. 2. 1. c) Conversas particulares

As discussões nas reuniões da Loja são, sem dúvida, muito úteis, mas as conversas entre membros individuais também podem oferecer frequentes oportunidades para esclarecer ideias de uma maneira muito eficiente. Se essas oportunidades são convenientemente utilizadas, os membros mais velhos e com mais experiência podem ajudar aos que são novos no estudo da Filosofia Oculta e aplainar muitas dificuldades que para um principiante parecem muito desconcertantes. Uma mera sugestão de alguém que tenha estudado verdadeiramente um assunto, algumas vezes projetará luz sobre um problema difícil e habilitará o principiante a compreendê-lo satisfatoriamente.

Mas não é somente o principiante que tem a ganhar nessa mútua troca de ideias e solução das dificuldades. As questões apresentadas pelos iniciantes revelarão, às vezes, aspectos inteiramente novos de um assunto que foi estudado durante anos pelos mais velhos, e podem sugerir novas maneiras de pensar ou linhas de investigação antes não percebidas. Por esta razão, iniciantes e estudantes veteranos deveriam ter encontros frequentes para discutir vários assuntos e assim ajudarem-se mutuamente a ver novos sentidos naquilo que vêm estudando. Numa Loja, onde a necessária atmosfera de esforço intelectual e pesquisa tenha sido criada, não deveria ser difícil formar pequenos grupos ou pares para a solução das dificuldades ou para discussão de pontos interessantes que surgem no estudo dos diversos problemas. Isto ajudará os recém-chegados a realizar rápidos progressos em seus estudos e ajudará os veteranos a manter contato com o assunto. E, em acréscimo, ajudará a ambos na arte de explicar as verdades da Filosofia Esotérica àqueles para quem estas ideias são novas.

Os três meios de divulgação mencionados acima — reuniões, livros e conversas particulares — se utilizados convenientemente, podem muito rapidamente dar aos membros de uma Loja um bom fundamento no conhecimento da Filosofia Esotérica e colocá-los numa posição de disseminar suas verdades entre os moradores de sua localidade. Mas esta utilização e coordenação apropriadas desses meios só serão possíveis quando os membros tiverem compreendido o valor desse conhecimento e estiverem ansiosos por adquiri-lo e reparti-lo com os demais. Nenhum plano para o avanço do conhecimento nos círculos da Sociedade Teosófica pode realmente ter sucesso a menos que estas condições primordiais tenham sido preenchidas.

### VII. 2. 2 Treinamento para o trabalho

A segunda função importante de uma Loja da Sociedade Teosófica, no que concerne aos seus membros, é habilitar cada um deles a encontrar seu trabalho e adaptá-lo a executar este trabalho eficientemente. Ninguém que tenha estudado cuidadosamente os princípios fundamentais da Filosofia Esotérica e compreendido o trabalho do Grande Plano pode deixar de desejar encontrar o seu lugar neste Plano e preenchê-lo da melhor maneira possível. A satisfação desse desejo significa, para todos os fins práticos, que ele deve encontrar o trabalho particular através do qual possa ser útil ao seu próximo. Este trabalho dependerá, naturalmente, de suas capacidades inatas, de suas circunstâncias e das necessidades daqueles entre os quais ele está colocado, e esta descoberta não é uma tarefa fácil para o membro médio.

Nesta difícil tarefa a Loja pode ser de grande valia, porque é possível para os membros planejarem o trabalho que deve ser feito na localidade de uma maneira ampla e dar oportunidade a diversos indivíduos de tomar parte nas várias atividades que podem ser organizadas. Uma Loja que está viva e desencumbindo suas funções adequadamente deveria ter um programa diversificado de trabalho, no qual os membros podem ser ajustados de acordo com suas diferentes capacidades e através do qual possam aprender a técnica da atividade particular que empreenderam. Há tanta ignorância, crueldade e sofrimento por toda parte, há tantas coisas que devem ser feitas para que o mundo tenha um padrão de vida decente, que pode ser encontrado um trabalho que agrade cada tipo de indivíduo. E se um membro verificar, após experimentar por algum tempo, que um determinado tipo de trabalho não o agrada, pode escolher outro, até que ele e seu trabalho se encaixem, e desta feliz combinação advenha um serviço feito com alegria para o Supremo.

Mas não é suficiente para um membro encontrar seu trabalho; ele deve aprender a fazê-lo bem e aumentar suas capacidades em várias direções. Também nesta tarefa as Lojas podem ser de algum auxílio para os membros. Organizando cursos de treinamento para os vários tipos de trabalho, tais como escrever e fazer palestras, a Loja pode dar aos membros oportunidades definidas para desenvolver suas capacidades latentes, e assim torná-los mais eficientes em suas linhas particulares de trabalho. É verdade que os recursos da maioria das lojas, a este respeito, estão fadados a ser reduzidos e o treinamento avançado pode ser obtido somente nos Centros de Treinamento organizados pela Seção Nacional; entretanto, a Loja pode fazer algo de caráter preparatório e então enviar, se possível, os trabalhadores mais promissores para maior treinamento nestes Centros de Treinamento.

Em todo esse trabalho que diz respeito às atividades externas dos membros e habilita-os a tornarem-se melhores servidores, o espírito em que o serviço é prestado é tão importante quanto o trabalho feito, e este espírito reto somente pode ser alimentado numa atmosfera de alto idealismo e dedicação ao serviço de Deus e da humanidade. Isso as Lojas podem e deveriam estar aptas a fornecer, caso seus membros estejam tentando seriamente por em prática seus ideais e não meramente procurando nessas atividades externas uma fuga de suas tensões e perturbações interiores.

Antes de deixarmos este assunto, talvez seja necessário lembrar ao leitor, mais uma vez, o que foi dito no capítulo II com relação à necessidade de nos limitarmos à promoção dos verdadeiros objetivos da Sociedade Teosófica. Uma Loja não se destina a ser uma centro de trabalho filantrópico no sentido comum do termo, e todas aquelas atividades que não estão propriamente contidas no escopo de nossos verdadeiros objetivos deveriam ser organizadas pelos membros em caráter particular e não como atividades formais da Loja. De fato, os membros que tomam parte em tais atividades acharão muito mais conveniente e eficiente ingressar em outras organizações que se dedicam a trabalhos similares, levando para estas organizações o conhecimento, a compreensão e inspiração adquiridos na Sociedade Teosófica.

### VII. 2. 3 Construção do caráter

A terceira função importante de uma Loja na vida de seus membros é ajudá-los a traduzir as verdades pertinentes à vida superior em vivência e, assim sendo, a alcançarem a verdadeira sabedoria. Pois, como já foi realçado num capítulo precedente, o mero conhecimento intelectual dessas verdades não é de muito valor. É somente na medida em que o indivíduo as tiver verdadeiramente compreendido, que ele estará apto a encontrar nelas o verdadeiro auxílio para si e para os outros. Não há utilidade em apenas carregar alimento consigo. Ele precisa ser comido e assimilado para dar força. Da mesma maneira, o conhecimento que é de uma natureza puramente teórica age mais ou menos como uma sobrecarga e não dá alegria e força ao seu possuidor. E quando se trata de comunicá-lo aos outros, a necessidade de experiência e realização diretas talvez seja ainda maior. Pois as verdades que já experimentamos e corporificamos em nossa vida são transmitidas aos outros por um processo sutil, que é muito mais eficiente do que meras conversas ou palestras. Mesmo o serviço ao nosso próximo torna-se mecânico e um mero mecanismo de escape de nossa pobreza interior de espírito quando não é apoiado numa verdadeira visão espiritual e num caráter nobre e forte.

Como pode uma Loja ajudar seus membros a adquirir essa visão espiritual, trazendo seus altos ideais para a prática? De duas maneiras. Primeiro, mantendo uma atmosfera de refinamento, beleza, idealismo e serviço dedicado. Tal atmosfera é produzida automaticamente onde um grupo de pessoas com ideais em comum está realmente tentando viver a vida superior. Cada indivíduo reforça e estabelece um exemplo para os demais, e o efeito combinado sobre a vida em comum é muito maior do que a soma dos esforços individuais. Isto porque todas as forças espirituais parecem aumentar não em progressão aritmética, mas em progressão geométrica, e isso explica o alto valor de satsang, ou a companhia dos sábios, que é dado em escolas orientais de misticismo. Mas é quase desnecessário mencionar que somente haverá uma verdadeira mudança na atmosfera quando os membros tentarem seriamente viver a vida. Não é a mera proximidade dos indivíduos ou mútuas prédicas que, por si só, acarretarão a mudança; de fato, isto pode até tornar as condições piores pelo despertar de antagonismos ou outros elementos inferiores da natureza humana.

O segundo método pelo qual os membros podem ajudar-se mutuamente nessa direção é mais definido e consiste em formar grupos com o único objetivo de estudar a ciência da autocultura, experimentando suas leis e aplicando-as às suas vidas de maneira sistemática e científica. Todas aquelas aspirações vagas para viver a vida superior que a maioria dos membros sentem, mas que não estão aptos a pôr em prática, podem, desta maneira, ser aproveitadas para desenvolver um caráter nobre e forte e para fazer verdadeiros progressos espirituais. Essa classe de atividade, se convenientemente organizada, pode ter o efeito de despertar até mesmo aqueles membros que não vinham tomando parte ativa no trabalho da Loja, porque as dificuldades e preocupações que acontecem na vida pesam muito sobre todas as almas, e qualquer meio que lhes mostre uma razoável probabilidade de erguerem-se acima dessas aflições, muito provavelmente despertará nelas algum interesse. Se a Loja estiver apta, dessa maneira, a colocar alguns membros no caminho para a Autorrealização, fazendo-os direcionar suas mentes para a autocultura, ela prestou-lhes um grande serviço e preparou-os, da maneira mais eficiente, para o serviço aos outros.

As três classes de atividades delineadas nos parágrafos precedentes assegurarão a utilidade global de uma Loja no que concerne aos seus membros. Elas não foram selecionadas ao acaso, mas com o propósito definido de satisfazer as três necessidades primordiais de todos os seres humanos: conhecimento, sabedoria e atividade. Qualquer programa de trabalho em uma Loja que deixe de levar em consideração quaisquer dessas necessidades fundamentais está destinado a ser inadequado e, por conseguinte, ineficiente a longo prazo. Eficiência e estabilidade no trabalho de uma Loja requerem uma mescla harmoniosa desses três tipos essenciais de trabalho, e não uma ênfase excessiva em um deles.

## VII.3 *Organização do Trabalho para o Público*

Após havermos considerado o trabalho de uma Loja em relação aos seus membros, podemos tratar de suas funções como um centro de propagação das verdades do Ocultismo e de influências espirituais na localidade em que se situa. Pois a Loja existe, como já dissemos, não somente para ajudar seus membros, mas todos aqueles que estão buscando a luz e uma maneira de viver mais espiritual. A natureza do trabalho que tem de ser feito para o público já foi esclarecida, até certo ponto, pelo que dissemos num dos capítulos anteriores sobre os objetivos gerais da Sociedade Teosófica. Mas como o que dissemos naquele capítulo era de natureza geral, talvez seja útil indicar como aqueles princípios gerais podem ser aplicados a alguns problemas específicos que temos de resolver no contato com o público.

### VII. 3. 1 Apresentação da filosofia esotérica

Antes de tudo, é necessário compreender que se desejamos captar a atenção das pessoas comuns e ter sucesso em fazer com que ouçam as verdades vitais que lhes tentamos expor, deveríamos estar habilitados a mostrar que estas verdades podem ser-lhes de alguma ajuda ao viver em suas difíceis vidas. A vida do homem comum é tão árdua e cheia de problemas que ele não consegue resolver satisfatoriamente, que ele não tem tempo, ou pelo menos sente não ter, para qualquer coisa que não lhe traga vantagem direta. Portanto, é bem provável que ele não seja atraído para a Filosofia Esotérica se ela lhe for apresentada como uma matéria de estudo acadêmico. Quantos de nós, membros da Sociedade Teosófica, nos sentiremos inclinados a comparecer a uma conferência pública sobre algum tema científico, digamos, a Teoria da Relatividade, que é de interesse fascinante para as pessoas com modo de pensar científico? Geralmente pensamos, muito naturalmente, que para nós esse tipo de conhecimento não tem utilidade e, portanto, não nos sentimos inclinados a despender nosso tempo ouvindo tal conferência.

Assim, uma conferência estereotipada sobre algum aspecto profundo da Filosofia Esotérica, muito provavelmente será vista do mesmo modo pelo homem comum, e não podemos censurá-lo por não sentir-se atraído por ela. Se desejamos atrair sua atenção e mais tarde, se possível, fazer com que aceite as verdades vitais do Ocultismo, devemos apresentar-lhe, no início, aqueles aspectos da Filosofia Esotérica que têm relação direta com os problemas que lhe interessam. Como a grande maioria das pessoas estão, primordialmente interessadas em seus problemas pessoais, e apenas de maneira secundária nos problemas que não afetam diretamente suas vidas, segue-se que aqueles aspectos da Filosofia Oculta, que lançam luz sobre os problemas vitais da vida humana e ajudam o homem a compreender e resolver aqueles problemas, terão a maior atração. Deveria ser, portanto, uma parte definida de nossa política, ao apresentar a Filosofia Oculta ante o mundo, fazer uma seleção cuidadosa daquelas verdades que mais provavelmente atraem o homem comum, e concentrarmo-nos sobre estas, deixando em segundo plano os aspectos mais abstrusos, filosóficos ou idealistas. Estes podem ser mais importantes, mas a hora de apresentá-los é quando uma pessoa já aceitou o ponto de vista da Filosofia Oculta sobre a vida e já se tornou um estudante habitual desta Filosofia.

Considerando a grande variedade de condições em que as Lojas da Sociedade Teosófica têm de operar pelo mundo afora, não é possível indicar especificamente quais os aspectos da Filosofia Esotérica que são particularmente convenientes para as finalidades de propaganda geral. É necessário, entretanto, enfatizar a necessidade da discrição na escolha dos assuntos para palestras públicas, porque as pessoas às vezes tornam-se permanentemente preconceituosas contra a Filosofia Esotérica por terem sido apresentadas algumas de nossas doutrinas mais abstrusas ou filosóficas ante uma audiência principiante em relação às ideias ocultas. Estamos algumas vezes tão imbuídos destas ideias que deixamos de levar em consideração como elas provavelmente serão recebidas pelos outros, e podemos inadvertidamente pôr obstáculos no caminho de muita gente que está procurando a Luz.

Naturalmente, ao mesmo tempo que nos limitamos, tanto quanto possível, aos assuntos que tocam a vida do homem comum e o ajudam a vivê-la com a maior compreensão e utilidade, deveríamos providenciar para que houvesse uma grande variedade na apresentação das verdades da Filosofia Esotérica. Isso é necessário não somente porque diferentes pessoas têm diferentes temperamentos e maneiras de encarar as coisas, mas também porque uma Loja tem de funcionar na mesma localidade e, mais ou menos, entre um mesmo grupo de pessoas. Continuar apresentando as mesmas verdades, ano após ano, da mesma maneira estereotipada, está fadado a ser desastroso e leva o importante trabalho de propagar as verdades da Filosofia Esotérica praticamente à estagnação.

O segundo princípio do qual devemos lembrar-nos, na difusão da Filosofia Esotérica, é aquele de conduzir a mente da audiência do conhecido para o desconhecido. Todo homem vive num mundo próprio, e a maneira mais fácil de levá-lo a um novo ponto de vista é tomar alguma ideia que lhe seja familiar e fazer desta um ponto de partida de nosso apelo à sua mente. O súbito impacto de um grupo de ideias novas confunde o homem médio e ele se sente automaticamente repelido por estas ideias, por mais verdadeiras, razoáveis e benéficas que elas possam ser.

Tomemos um exemplo para ilustrar este ponto. Suponhamos que desejamos apresentar a ideia do *karma* para uma audiência constituída em sua maioria de hindus. A ideia ampla e geral do *karma* é familiar para o homem hindu médio e um método eficiente de expor à sua mente o conceito do *karma* segundo a perspectiva do Ocultismo será, obviamente, tomar a sua concepção desta lei e mostrar como ela pode ser melhorada pela introdução de certas mudanças em suas ideias sobre o assunto. Desta maneira, ele pode ser levado naturalmente a um conceito novo e mais elevado do *karma* sem produzir qualquer distúrbio violento em sua mente.

Agora, se a mesma ideia tiver de ser exposta para uma audiência ocidental, para cuja maioria dos membros a mesma ideia não seja muito familiar, um método bastante adequado de apresentação será tomar a concepção da lei natural que opera no mundo físico e mostrar como a vida se torna muito mais inteligível se esta concepção for estendida aos reinos mental e moral. Esta linha de pensamento é tão inerentemente razoável, que a mais cética das mentes, familiarizada com a ciência, terá dificuldades de rejeitá-la totalmente. Por outro lado, se tentarmos apresentar a ideia do *karma* para uma audiência ocidental dentro de uma moldura de pensamento oriental, a ideia parecerá estranha e não convincente para muita gente e pode ser rejeitada sem a devida consideração.

O terceiro princípio geral que deveríamos tentar lembrar ao fazer a difusão da Filosofia Esotérica é aquele de tornar nossa apresentação o mais interessante possível. O valor do interesse no aprendizado de qualquer coisa é muito conhecido e a Filosofia Esotérica não foge à regra geral. É verdade que há algumas pessoas que trazem de suas vidas passadas uma forte aptidão para aprender as verdades pertinentes à vida superior e que procuram as verdades esotéricas como os patinhos procuram a água. Para estes, o modo de apresentação pouco importa. Eles reconhecem instantaneamente estas verdades que já aprenderam em suas vidas passadas. Há outras pessoas que ainda não estão suficientemente amadurecidas mental e espiritualmente, ou cujas mentes estão tão condicionadas pela ortodoxia que não podem ser levadas a apreciar estas verdades por mais atraentes que as tornemos.

Mas há um grande número de pessoas, não pertencendo a nenhuma destas classes extremas, que podem ser levadas a apreciar as verdades da Filosofia Esotérica se as apresentarmos de maneira apropriada. No caso dessas pessoas, faz grande diferença a maneira como entramos em contato com suas mentes. Tomar em consideração suas necessidades e conduzir suas mentes do conhecido para o desconhecido, são dois fatores na técnica da apresentação. Introduzir um elemento de atração para despertar seu interesse é um terceiro elemento importante nesta técnica. Uma palestra monótona e fatigante não somente deixa de atender ao objetivo imediato, isto é, ganhar a atenção das pessoas presentes para as novas ideias ou ideais que lhe são expostos, mas ela também cria barreiras para o futuro na mente de muitas pessoas. Sem dúvida não é razoável julgar uma filosofia de vida ou um sistema de pensamento por uma palestra, mas temos de aceitar os seres humanos como eles são, e temos de trabalhar com as limitações que encontramos ao nosso redor. E como os seres humanos, em geral, estão propensos a formar rapidamente uma opinião e a adquirir preconceitos em bases muito inconsistentes, é o dever daqueles que estão trabalhando para disseminar a luz da Filosofia Esotérica fazer as coisas de modo que as pessoas não sejam afastadas destas verdades por quaisquer faltas evitáveis de nossa parte.

Não podem ser estabelecidas regras firmes e inflexíveis para tornar as palestras interessantes. Cada palestrante ou orador tem sua própria técnica, que deve ser desenvolvida aos poucos, com base no resultado de muitas experiências feitas neste campo. Além disso, diferentes ocasiões e diferentes audiências requerem diferentes métodos e o que convém a uma audiência altamente intelectual já não convirá no caso de pessoas mais simples que não estão acostumadas a pensar lógica e profundamente. Um amplo uso de diagramas e ilustrações, uma clara apresentação das ideias, um interesse aguçado no assunto tratado, um apelo às emoções quando isso for cabível, uma atitude séria e digna e uma compreensão compassiva da natureza humana e de seus problemas — essas são algumas das coisas que prendem a atenção de uma audiência e produzem uma impressão profunda nas mentes das pessoas presentes. Um orador que deseje ser eficiente na disseminação das verdades da Filosofia Esotérica deveria tentar adquirir as necessárias qualificações e usar as técnicas apropriadas ponderadamente, conforme o assunto e a ocasião possam requerer.

O que foi dito acima mostra a grande necessidade de estudar a psicologia das pessoas que provavelmente assistirão nossas palestras, se desejamos ter sucesso na apresentação da Filosofia Esotérica ao mundo. A adaptação dos meios aos fins é um prerrequisito para o sucesso em qualquer espécie de empreendimento, e se há uma coisa da máxima importância no planejamento de meios eficientes para a disseminação da Filosofia Esotérica trata-se deste estudo das condições psicológicas que asseguram o sucesso nesta atividade. Estas condições deveriam ser completamente estudadas em nossos Centros de Treinamento e os resultados das pesquisas e da experiência deveriam ser transmitidos aos trabalhadores em nossas Lojas, para serem utilizados por eles em seu trabalho, da melhor maneira possível.

Tudo isso implica, é claro, que os membros de nossas Lojas estejam realmente conscientes da necessidade de propagar as verdades da Filosofia Esotérica e do privilégio que têm de tomar parte neste grande trabalho que nos foi confiado pelos Irmãos Mais Velhos. Numa Loja onde não prevalece um espírito de entusiasmo e dedicação, onde os membros reúnem-se uma vez por semana como um dever religioso cansativo, onde os membros não estão preparados para tomar uma parte ativa no trabalho e para adaptar-se aos diversos tipos de atividades — numa Loja assim dificilmente será possível pôr-se em prática esses princípios de eficiência, os quais requerem para sua aplicação constante vigilância, sacrifício voluntário e determinação inflexível de fazer do trabalho um sucesso. Sob estas circunstâncias, será necessário descer às raízes da dificuldade e tentar, antes de tudo, satisfazer àquelas condições primordiais das quais o sucesso de uma Loja depende.

### VII. 3. 2 Espiritualização do ambiente

Outra maneira eficiente pela qual uma Loja pode ajudar sua vizinhança é espalhando aquelas influências espirituais que são necessárias para elevar o nível geral da mentalidade e do caráter das pessoas que vivem na localidade. A mera aceitação de um certo conjunto de ideias por uma comunidade não é de muita utilidade se não realizarem uma mudança na vida das pessoas e habilitá-las a ver seus problemas individuais e sociais de um ponto de vista mais elevado. Todos nós sabemos bem como o código de ética de praticamente todas as religiões é aceito na teoria e desprezado na prática pela grande maioria de seus seguidores. Assim, todos os nossos esforços para espalhar o conhecimento atinente à vida superior serão desperdiçados se eles não realizarem uma verdadeira mudança de coração, e não habilitarem as pessoas a viver mais nobremente e com maior senso de paz, compreensão e harmonia.

Mas este trabalho essencial de infundir uma nova vida na vizinhança da Loja, no entanto, só pode ser feito eficiente e silenciosamente pelos membros quando eles corporificarem em si mesmos os altos ideais que professam acreditar. Meras pregações não somente são insuficientes, mas causam um positivo malefício quando há considerável divergência entre o que é ensinado e o que é praticado. Não há visão mais deplorável do que a do indivíduo presunçoso, que fala loquazmente todo o tempo sobre as verdades mais elevadas e transcendentes e mostra em sua vida real um completo desprezo por estas verdades. De ninguém se pode esperar que seja uma perfeita corporificação dos altos ideais em que acredita, mas espera-se que aqueles que estão tentando disseminar os mais elevados ideais da vida espiritual mostrem em suas próprias vidas um certo grau de controle, dignidade e nobreza que esteja nitidamente acima da média. Os membros de uma Loja da Sociedade Teosófica deveriam, portanto, tentar compreender sua grande responsabilidade nesse assunto, e deveriam fazer um esforço para estabelecer o mais elevado exemplo de um puro e nobre viver. Certa ou erradamente as pessoas julgam uma filosofia de vida pelas vidas daqueles que a representam e não temos o direito de permitir que as verdades a que damos tanto valor sejam denegridas por qualquer negligência de nossa parte.

### VII. 3. 3 Trabalho individual

É geralmente considerado óbvio pela maioria dos membros que o trabalho de propagar as ideias e influências espirituais é uma atividade ligada à sua Loja como um todo, e não se compreende que muito mais do que pode ser feito na Loja poderá ser feito pelos membros individualmente, contanto que eles se empenhem nesta tarefa com um espírito missionário. De fato, a natureza do trabalho que temos de fazer no mundo é tal que ele talvez possa ser feito muito mais eficientemente através de tais esforços individuais. Por meio de palestras e debates públicos podemos despertar o interesse sobre um assunto, mas é na atmosfera sossegada e fraternal da vida do lar que podemos gradualmente mudar os pontos de vista de outras pessoas.

Por meio de conversas calmas acerca dos problemas da vida, pelo empréstimo de livros, pela explicação de vários fatos e acontecimentos à luz da Filosofia Esotérica e pelo exemplo de uma vida nobre, digna e imperturbável podemos com calma, naturalidade e quase inconscientemente afetar a vida e os pensamentos de outras pessoas à nossa volta e vencer seus preconceitos ou tendenciosidades ortodoxas, se elas as tiverem. Uma outra vantagem deste trabalho individual é que ele pode ser feito por cada membro, quaisquer que sejam suas capacidades ou circunstâncias. Dia após dia este tipo de trabalho pode continuar silenciosamente, em qualquer lugar que os membros da Sociedade Teosófica possam estar vivendo. Nenhuma preparação elaborada é necessária, nenhuma capacidade acima do normal é requerida — somente a vontade de servir. Que cada membro individual se considere como o último elo na complexa organização da Sociedade Teosófica e resolva tornar aquele elo brilhante e forte, sendo um centro de pensamentos elevados e de influências enaltecedoras.

Leia Também Livros para Viver Melhor
DA EDITORA TEOSÓFICA

*A Chave Para a Teosofia* - H.P. Blavatsky

*Fundamentos da Filosofia Esotérica*, H.P. Blavatsky

*A Doutrina do Coração* - Annie Besant

*A Gnose Cristã* - C.W. Leadbeater

*Viveka-Chudamani - A Joia Suprema da Sabedoria* - Shankaracharia

*A Tradição Sabedoria* - Ricardo Lindeman e Pedro Oliveira

*A Vida Espiritual* - Annie Besant

*Em Busca da Sabedoria* - Sri Ram

*Estudos Seletos em "A Doutrina Secreta"* - Salomon Lancri

*Gayatri, O Mantra Sagrado da Índia* - Ikbal K. Taimni

*Meditação, Um Estudo Prático* - Adelaide Gardner

*Meditação, Sua Prática e Resultados* - Clara Codd

*O Homem, Sua Origem e Evolução* - N. Sri Ram

*O Despertar da Visão da Sabedoria* - XIV Dalai Lama Tenzin Gyatso

*O Despertar de Uma Nova Consciência* - Ideias Centrais em *A Doutrina Secreta* - Joy Mills

*Pensamentos para Aspirantes* - N. Sri Ram

*Preparação para a Yoga* - I.K. Taimni

*Regeneração Humana* - Radha Burnier

*Sabedoria Antiga e Visão Moderna* - Shirley Nicholson

*Saúde e Espiritualidade* - Geoffrey Hodson

*Sussurros da Outra Margem* - Ravi Ravindra

*Teosofia Simplificada* - Irving Cooper

*Vegetarianismo e Ocultismo* - C.W. Leadbeater

Pedidos para:

EDITORA TEOSÓFICA S/C

- SIG - Setor de Indústrias Gráficas, Nº6, Lote 1235 -

Asa Sul - Brasília - DF

CEP 70610-460

Tel: (061) 3322-7843

E-mails: comercial@editorateosofica.com.br

editorateosofica@editorateosofica.com.br

site: Veja nosso catálogo completo no site:

www.editorateosofica.com.br

*FUNDAMENTOS DA FILOSOFIA ESOTÉRICA*

H.P. BLAVATSKY

Qual a natureza do verdadeiro esoterismo? Qual o seu propósito? Quais as ideias básicas da tradição esotérica? Essas e outras perguntas interessam aqueles que se sentem atraídos pelo estudo da antiga tradição oculta, dos mistérios que envolvem a origem, o desenvolvimento e o destino do homem e do Cosmos que o abriga.

O presente livro consiste de uma compilação dos escritos de Helena Petrovna Blavatsky, a grande ocultista russa que viveu no século passado. Extraído principalmente de suas grandes obras — *Ísis Sem Véu* e *A Doutrina Secreta* — o livro apresenta as ideias centrais da Filosofia Esotérica, da sabedoria oculta nas grandes tradições filosófico-religiosas da humanidade.

*Fundamentos da Filosofia Esotérica* lança luz sobre a natureza do genuíno esoterismo, o qual conduz da ilusão à verdade espiritual, da ignorância à sabedoria que transforma a existência humana e nos leva a compreender o significado interior da vida.

*A TRADIÇÃO-SABEDORIA*
*Uma Introdução à Filosofia Esotérica*
Ricardo Lindemann / Pedro Oliveira

Como o próprio nome sugere, a Tradição-Sabedoria vem sendo transmitida através dos tempos, e é por isso também conhecida como Sabedoria Antiga ou Filosofia Perene.

Esta obra apresenta uma investigação a partir de paralelos com a Ciência contemporânea sobre as questões básicas da existência, tais como a natureza humana e sua constituição, o propósito da vida e da morte, o destino e o livre-arbítrio e as possibilidades evolutivas no ser humano e no Cosmos.

O próprio conceito de Cosmos como Universo Ordenado pode ser encontrado no aspecto mais profundo ou esotérico das diversas filosofias da antiguidade, bem como na visão científica de vanguarda.

O avanço da Ciência contemporânea levou a uma redescoberta das tradições, e este livro propicia ressaltar a relevância para o momento presente de uma visão integrada do homem e do Universo.